KB094851

매출 1등 MD는 이렇게 팝니다

온, 오프라인에서
모두 통하는
TOP 매출의 비밀

이학기 반장
지음

매출 1등
MD는
이렇게
팝니다

더퀘스트

차례

정답이 없는 MD,
성과만이 답이다

저는 15년 차 MD입니다. 주변에서 무슨 일을 하냐는 질문을 받았을 때 MD라고 답하면 하나 같이 이런 답변이 돌아옵니다. "MD가 뭐예요?" 사실 MD인 저도 어떻게 설명해야 할지 막막할 때가 있는데요. MD는 'Merchandiser'의 약자로, 상품 기획 또는 상품화 계획을 전문적으로 하는 사람을 뜻합니다. 너무 포괄적이죠? 그래서 MD가 '뭐든지 다 한다' '모두 다 한다'의 약자라는 우스갯소리도 있습니다. MD 업무를 해본 사람을 알 거예요. 업무의 경계가 도대체 어디까지인지 모르기에 정답이 없다는 것을요.

그렇다면 훌륭한 MD는 어떤 사람일까요? 결국 '성과'를 잘 내는 사람, 즉 상품을 통해 회사의 매출과 수익을 극대화하는 능력자라고 할 수 있습니다. 성과주의 사회에서 성과로 증명하지 못한다면 아무리 열심히 일해도 헛수고일 뿐이니까요. 시시각각 변하는 고객의 니즈에 맞춰 발 빠르게 움직이지 않으면 성과를 거두기 힘듭니다. 정답이 없는 MD 직무를 처음 하다 보면 매일 현타가 오는 것이 당연할 거예요.

저는 그동안 오프라인과 온라인을 넘나들며 MD로 일하면서 압도적인 성과를 냈던 경험과 노하우를 바탕으로 '성과 내는 MD'가 되고자 하는 이들을 돕고 싶었습니다. 성과 내는 MD의 가장 중요한 자질을 딱 세 가지로 압축하면 분석력, 설득력, 실행력이라고 생각하는데요. 이 세 가지 역량을 강화하는 레벨업 스터디를 이 책을 통해 진행해보려고 합니다. 특히 현직 MD이거나 MD를 꿈꾸는 사람, 퍼포먼스를 내야 하는 영업사원이나 마케터라면 대환영이에요. 또한, 현재 커머스 사업을 하고 있거나 사업을 준비하는 예비 창업인에게도 도움이 될 수 있도록 알차게 내용을 구성했습니다. 커머스의 핵심인 MD의 기능을 얼마나 이해하냐에 따라 사업의 성패가 좌우될 수도 있으니까요.

이 책은 총 다섯 개의 장으로 구성되어 있는데요.

첫 번째 장 '시장 및 업계 파악'에서는 온라인과 오프라인 커머스의 생태계를 조망하며 커머스 감각을 익히도록 돕고자 했습니다.

두 번째 장 '최고 매출을 위한 기본기 셋'에서는 성과 내는 MD의 가장 중요한 역량 세 가지인 분석력, 설득력, 실행력에 관해 핵심 노하우를 전수해드리고자 했어요.

세 번째 장 '사고 사고 또 사는 상품의 비밀'에서는 매출 1등 협력사, 매출 1등 상품을 만든 실제 사례를 통해 상품 관점으로 성과를 내는 구체적인 방법에 대해 나누고자 했습니다.

네 번째 장 '매니지먼트의 달인, MD가 관리해야 할 세 가지'에서는 분석력, 설득력, 실행력을 종합하여 어떻게 협력사를 매니지먼트하는지 다양한 사례와 함께 제 노하우를 아낌없이 녹여내고자 했어요.

마지막으로 다섯 번째 장 '일 잘하는 사람의 한 끗, 소통의 기술'에서는 대상에 따라 성과를 창출하는 실전 소통법에 대해 쉽게 이해하도록 거들고자 했습니다.

이론 중심의 딱딱한 기존 직무서와는 다르게 실제 사례를 중심으로 꿈틀대는 현장감을 담아내고자 노력했어요. 현장에서 도제식으로 선배의 노하우를 하나하나 배워간다는 느낌으로 이 책을 본다면 지루할 틈이 없으리라 확신합니다. 물론 제가 정답은 아니겠지만, 성과라는 목표와 정답이 있기에 이 스터디가 MD라는 망망대해에서 표류하는 이들에게 참고할만한 하나의 부표가 되길 바랍니다.

자, 지금부터 각자도생의 차가운 전쟁터 같은 커머스 세계에서 따듯한 멘토링을 통해 함께 성장하는 시간을 가져볼까요?

2023년을 한 달여 남겨두고.

이학기 반장

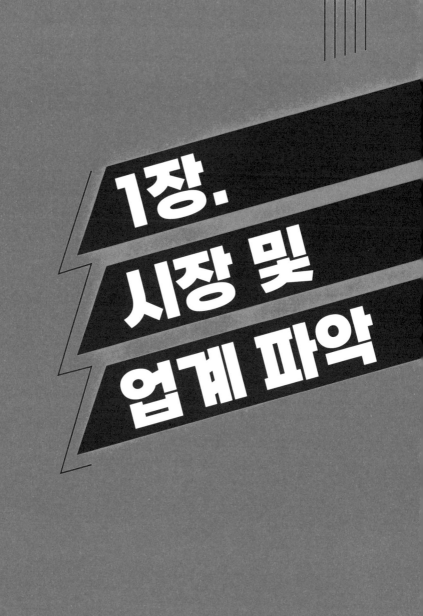

1장.
시장 및
업계 파악

쿠팡 vs 더현대 서울

온·오프라인의 경계가 무너지고 있습니다. 오프라인 시대는 끝났다, 오프라인에서 온라인으로 전환되었다는 말이 한때 많이 나왔지만 현재 이커머스는 오프라인에서 새로운 수익원을 찾고 있습니다. O2O(Online to Offline)를 넘어 O4O(Online for Offline)로 진화하고 있는 거죠. 이커머스 거대 공룡 아마존이 오프라인으로 진출한 '아마존고'가 대표적인 사례라 할 수 있습니다.

혹시 여의도에 있는 더현대 서울에 가본 적 있나요? 더현대 서울은 오프라인 유통이 가야 할 길에 대해 새로운 패러다임을 제시했다고 평가됩니다. 성공 요인은 바로 고객 경험입니다. 온라인에 익숙한 10~20대가 더현대 서울에 가는 이유는 기존 백화점과 확실히 다르기 때문이죠. 브랜드풀과 배치만 조금씩 다를 뿐 천편일률적으로 구성된 백화점은 MZ세대에게는 더 이상 재미가 없으니까요.

기존의 틀을 깨버린 더현대 서울에는 비하인드 스토리가 있습니다. 더현대 서울이 있는 여의도는 원래 쇼핑의 무덤이라 일컬어질 정도로 상권이 약한 곳이거든요. 유동 인구가 직장인밖에 없어서 평일은 물론, 주말은 아예 파리만 날리기 일쑤인 지역입니다. 오프라인 유통은 주말 2일 매출이 평일 5일 매출보다 크기 때문에 주말 장사로 먹고 사는 것이 특징인데 그런 점에서 여의도라는 입지는 정말 최악의 조건이었죠.

현대백화점은 호기롭게 여의도에 소송 건으로 방치되어 있던 한 건물을 인수합니다. 하지만 애초에 쇼핑몰로 설계된 건물에 백화점을 만들려고 하니 난관에 봉착했죠. 백화점은 공간이 네모반듯해야 브랜드를 많이 집어넣어 효율을 높일 수 있는데 쇼핑몰 설계는 곡선인 데다 기둥도 많아 죽은 공간이 생기거든요. 현대백화점은 고민 끝에 죽은 공간을 모두 고객 휴게 공간으로 바꾸는 것으로 방향을 정하고 나무, 폭포 등 실내 조경에 공을 들여 고객 힐링 공간을 만들어내는 것으로 이를 극복합니다. 죽은 공간에 생명력을 불어넣자 쇼핑몰 전체를 살리는 공간이 된 겁니다.

공간이라는 하드웨어를 해결하고 나니 브랜드라는 소프트웨어 문제가 발생합니다. 여의도 상권에 대한 불신 때문에 명품 브랜드들의 입점 거부 사태가 벌어졌고 또 다시 위기에 봉착한 현대백화점은 대안을 찾다가 아예 새로운 브랜드를 유치하기로 결정합니다. 이를 위해 현대백화점 MD들은 "더현대 서울의 한 층은 임원들이 아예 모르는 브랜드로만 채워라"라는 미션을 받았다고 해요. 그 결과 더현대 서울은 새로운 콘텐츠로 채워지게 되었고 신선한 고객 경험을 제공하여 성공한 쇼핑 공간으로 자리매김했습니다. 우연한 의도가 위기를 기회로 바꾼 거죠.

온라인 커머스를 살펴볼까요? 쿠팡은 '쿠팡 없이 그동안 어떻게 살았을까?'라는 말이 자연스레 나올 정도로 새로운 쇼핑 문화를 만들었습니다. 비결은 바로 고객에 대한 집착에 있었어요. 서비스 시작 전에 쿠팡은 온라인 쇼핑 고객들을 대상으로 쇼핑할 때 가장 불편한 점을 조사했고 크게 두 가지로 고객 불만

사항을 도출했습니다. 첫 번째 불만은 '배송이 언제 될지 모른다'였고 두 번째 불만은 '배송 기사가 불친절해서 배송 퀄리티가 떨어진다'였습니다. 쿠팡은 우선 배송일을 보장하기 위해 직접 배송을 하기로 결정합니다. 그래서 전국에 물류센터를 만들고 하루 만에 도착하는 로켓 배송 서비스를 시작한 거죠. 철저히 고객으로부터 출발한 비즈니스였습니다.

또한 배송 기사를 직접 고용하고 교육해 서비스를 개선한 것도 남다른 점이었습니다. 쿠팡맨이 정성스럽게 손으로 상품을 가리키면서 고객에게 배송 인증 사진을 남기고 손편지 같은 것도 썼던 걸 기억하나요. 쿠팡은 온라인 쇼핑에 완전히 새로운 패러다임을 제시했다는 평을 받았습니다. 고객에 대한 집착이 고객을 위한 매력으로 발산되면 충성 고객은 급속도로 늘어날 수밖에 없죠. 최근 쿠팡은 세계 소매시장 성장률 1위를 달성하기도 했습니다.

온라인에서 쿠팡이 편의성을 제공했다면, 오프라인에서 더현대 서울은 감성적인 체험 공간이라는 고객 경험을 제공했죠. 온라인이 줄 수 없는 매력으로 차별화된 전략을 잘 구사한 더현대 서울은 조만간 연 매출 1조 원을 달성할 것으로 전망합니다. 우리나라에 연매출 1조 원인 백화점이 몇 개 없는 것을 감안할 때 더현대 서울의 급성장세는 대단하다고 할 수 있습니다.

커머스에서
일어나고 있는 일들

커머스 시장에서는 늘 다양한 일들이 일어나고 있습니다. 이커머스의 급격한 성장으로 확고부동했던 롯데·신세계·현대의 '유통 빅3' 체제가 무너졌고 대규모 인수·합병이 잇따르면서 유통업계 지각변동이 계속되고 있기 때문이죠. 절대 강자가 없던 이커머스에서 치킨게임의 승자가 되기 위해 저마다 몸집 키우기에 혈안이 되어 있는데요.

그 사이 국내 이커머스 양대 산맥인 쿠팡과 네이버는 해외로 눈을 돌리는 중입니다. 쿠팡은 대만에 진출해 로켓배송 서비스를 시작했고 네이버는 미국판 당근마켓인 포시마크를 인수했어요. 쿠팡은 아시아 통합 플랫폼을 지향하며 싱가포르를 거점으로 삼아 미국, 중국에 이어 동남아시아까지 커버하려는 움직임을 보이고 있으며, 이에 질세라 네이버는 글로벌 커뮤니티를 구축해 전 세계 소비자의 트래픽 흡수를 꾀하고 있는데요. 전 세계를 네이버라는 커뮤니티로 묶겠다는 야심 찬 프로젝트를 진행하고 있는 셈입니다.

패션에도 많은 투자가 이뤄지고 있습니다. 대표주자가 신세계그룹입니다. G마켓, W컨셉 등을 공격적으로 인수하고 기존 SSG닷컴, 이마트 등과의 온, 오프라인 시너지를 통해 지난해 매출 30조 원을 달성하면서 유통업계 왕좌에 올랐죠. 하지만 올해에는 쿠팡에게 왕관을 내어줄 것 같습니다. 주목할 만한 신흥 강자는 뭐니 뭐니 해도 무신사입니다. 무신사 역시 스타일쉐어, 29CM 등을 인수하고 국내외 오프라인으로도 공격적인 확장을 통해 기업가치 3.5조 원의 독보적인 패션 기업이 되었습니다.

그 외에도 카카오는 지그재그, 그립을 인수하며 패션과 라이브커머스를 강화하고 있고, 야놀자는 인터파크, 롯데쇼핑은 중고나라, 딜리버리히어로(요기요)는 우아한형제들(배달의민족)을 각각 인수하며 너나없이 몸집을 키우고 있습니다. 최근 싱가포르 기반 이커머스 기업 큐텐은 티몬과 인터파크커머스, 위메프까지 인수하며 네이버·신세계·쿠팡에 이어 이커머스 시장 점유율 4위에 올랐습니다. 큐텐이 국내 이커머스 메기가 될지 관심이 초집중되고 있지요.

이처럼 주요 기업들의 횡보를 보면 한 가지가 뚜렷하게 보입니다. 바로 탈 레드오션을 지향하고 있다는 것인데요. 국내 시장의 태생적 한계와 플랫폼의 카테고리, 성별, 연령대, 콘셉트, 전개 채널 등의 한계에서 오는 레드오션에서 탈피하여 블루오션을 개척해 새로운 성장 동력을 얻으려고 하는 거죠. 그래서 해외진출을 모색해 시장 파이를 넓히고 트래픽 확대를 위해 새로운 영역에 도전하는 겁니다.

예를 들면 패션 중심의 플랫폼은 뷰티, 리빙 등으로 카테고리 확장을 시도하고 남성 중심의 플랫폼은 여성 고객 유치를 위해 여성 아이템 구색에 투자하죠. 20~30대를 타깃으로 했던 플랫폼은 명품, 하이엔드 브랜드의 고가 라인 구축을 통해 구매력이 높은 40~50대까지 흡수하려고 하는 식으로요. 온라인 기반의 플랫폼은 오프라인으로 진출해 옴니채널로 확장하는 전략도 취하고 있고요. 위협을 받은 복어가 한껏 자신의 몸을 부풀

리듯이 경쟁자들의 압박 속에서 한껏 벌크업하려는 모습이 흥미롭습니다.

오프라인의 경우는 어떨까요? 뉴노멀 시대에서 가장 힙한 공간인 팝업스토어를 빼놓고는 이야기할 수 없겠죠. 서울에서 떠오르는 대표적인 팝업 성지로 역시나 더현대 서울을 꼽을 수 있는데요. 실제로 더현대 서울에서는 지난해 팝업스토어 매출로만 150억 원을 달성했다고 합니다. 얼마 전에는 국내 최초로 '더 퍼스트 슬램덩크' 팝업을 열어 피규어와 캐릭터별 유니폼 등 다양한 한정판 굿즈를 선보였고 MZ세대뿐 아니라 40대까지 다양한 고객이 몰려 슬램덩크 극장판의 인기를 실감케 했습니다. 이외에도 개인적으로 인상적인 더현대의 팝업을 꼽으라면 하이볼 열풍에 힘입은 '잭 다니엘 잭애플'을 이야기하고 싶습니다. 전문 바텐더가 즉석에서 만든 칵테일 시음 행사, 현장 구매자에게 원하는 문구를 새겨주는 이벤트 등으로 재미를 더해 좋은 반응을 얻은 바 있죠.

오프라인 공간은 브랜드마다 고유의 콘셉트를 위해 인테리어에 투자하고 입점 조건에 따라 일정 기간 유지를 해야 하기에 변화가 쉽지 않은 것이 사실입니다. 때문에 팝업스토어는 각 브랜드에 있어 새롭고 특정한 공간에 일정 기간 임팩트 있게 다양한 콘텐츠를 보여주는 좋은 수단이 되죠. 고객에게는 쉽게 변화하기 힘든 오프라인 공간이 끊임없이 바뀌며 생동감 있게 다가오는 놀이의 장이 되고 있고요.

저는 팝업스토어를 콘텐츠 놀이터라고 부릅니다. 팝업스토어는 정체되기 쉬운 오프라인 공간에 활력을 불어넣으며 감성 체험 공간으로서 트래픽을 유입하고 있습니다. 얼마 전에 더현대 서울을 다녀왔는데 세계적인 불황이라는 말이 무색할 정도로 이곳에는 활기가 넘치더라고요. 팝업스토어는 재미를 찾는 MZ세대, 펀슈머Funsumer에게 색다르고 매력적인 공간의 가치를 창출하고 있어서 앞으로 또 어떤 모습으로 진화할지 기대가 됩니다. 오프라인의 방향성에 대해 청사진을 제시하는 더현대를 앞으로도 계속 주목할 필요가 있겠습니다.

전 세계가 소비의 주축으로 떠오른 MZ세대에게 포커싱할 때 새로운 타깃을 개척하여 고공 성장하고 있는 플랫폼도 있습니다. 스타트업 라포랩스가 만든 패션 플랫폼 퀸잇이 대표적인 사례인데요. 퀸잇은 모두가 MZ세대에게 주목할 때 X세대에 눈을 돌려 블루오션을 개척했죠. 40대가 주축이 되는 X세대는 MZ세대보다 구매력이 좋고 모바일 쇼핑에도 익숙하다는 점에 착안하여 론칭 2년 만에 흑자 전환에 성공했다고 합니다.

성공 요인은 나이스클랍, 메트로시티, 발렌시아 등 20대 때부터 강하게 선호해왔던 백화점 여성복 브랜드를 온라인에서 찾기 시작한 X세대와 오프라인 매출 감소로 고민에 빠진 브랜드들이 서로 연결되면서 발생한 폭발적인 시너지에 있습니다. 저가의 가성비 아이템이 난무한 온라인 패션 시장에서 비교적 구매력이 높은 X세대는 품질을 따지며 검증된 브랜드 옷을 찾고 있었기 때문이죠.

퀸잇의 성공이 미친 파급력으로 블루오션이 된 X세대를 위한 플랫폼 사업에 뛰어드는 기업이 늘고 있습니다. 카카오스타일은 포스티, 무신사는 레이지나잇을 바로 론칭하여 중장년 여성 고객을 집중적으로 공략하기 시작했지만 여전히 퀸잇의 독주가 계속되는 가운데 퀸잇은 더욱 격차를 벌리기 위해 영역을 확장하고 있습니다. 신사업으로 신선식품 직거래 앱 '팔도감'을 론칭해 아직 모바일 전환이 더딘 산지 직송 분야를 선점하겠다는 계획으로 보입니다. 퀸잇의 성공 신화가 팔도감에서도 재현될 것인지 지켜봐야 할 것 같습니다.

몇 개의 사례만 소개했는데도 시장이 눈코 뜰 새 없이 변하는 게 느껴지나요? 끊임없이 변하는 커머스 시장에서 살아남으려면 어떤 전략이 필요할까요? 레드오션 속에서도 틈새 공략을 통해 성공한 퀸잇이 주는 메시지에서 힌트를 얻을 수 있습니다. 답은 바로 첫째도 고객, 둘째도 고객, 셋째도 고객입니다. 식상하다고요? 그래도 어쩔 수 없이 이것이 답입니다. 고객이 무엇을 원하는지, 고객이 어떻게 변하며 어떻게 변해갈 것인지 철저히 고객 중심으로 다시 처음부터 접근해야 합니다. 그러지 않으면 경쟁자들이 득실거리는 커머스 시장에서 금방 도태되어버리고 말 테니까요.

가성비를 넘어 고객의 마음도 만족시킬 수 있는 가심비를 지향하는 기업만이 결국 살아남을 것입니다. 그런 관점에서 지금, 그리고 앞으로 커머스 시장에서 일어나는 일들 역시 계속 변해갈 테니 이를 놓치지 않고 지켜보는 것이 중요합니다. 다행인 점은 잠시도 지루할 틈이 없을 거라는 사실. 그만큼 커머스 시장에서 작은 틈을 발견하게 되면 우리가 할 수 있는 일도 무궁무진합니다.

커머스 업계에서
일하는 사람들

MD는 어떤 사람일까요? 저는 축구선수 박지성이 떠오릅니다. '두 개의 심장'이라 불리는 박지성의 시합 중 활동 반경을 보면 공격, 미드필더, 수비 가릴 것 없이 전 영역에 퍼져 있거든요. 그게 바로 MD입니다. MD는 하고자 하면 끝도 없이 일할 수 있는 직무라고 할 수 있는데 제가 정의한 MD는 '상품에 가치를 부여해 매출과 수익을 극대화하는 멀티플레이어'입니다. 훌륭한 MD는 분석, 설득, 실행을 통해 반드시 성과를 내죠.

MD의 과업은 크게 외부 협업과 내부 협업으로 나눌 수 있습니다. 외부 협업은 파트너사와 이뤄지는데 입점 제안, 상품의 가격과 물량, 수수료 협의 등 운영 조건을 협의하는 것을 뜻합니다. 파트너사마다 제각각 조건이 다르기 때문에 긴밀하게 소통하는 것이 중요하죠. 내부 협업은 마케팅, CS팀, 재무팀, 개발팀 등 유관부서와 소통하며 성과를 내기 위해 협의하는 것을 말해요. 그 외에도 마케팅, 콘텐츠, 프로모션, 상품 기획 및 소싱 등에도 직·간접적으로 관여하기 때문에 결국 MD는 멀티플레이어로서 동시다발적으로 일어나는 일들을 신속하고 정확하게 처리해야 합니다.

MD에도 여러 종류가 있는데 역할에 따라 크게 생산 파트와 판매 파트로 나눌 수 있습니다. 생산 파트에는 기획 MD와 생산 MD, 판매 파트에는 구매 MD와 영업 MD가 있죠. 또한 주체에 따라서는 유통사와 제조사로 나눌 수 있는데 유통사에는 리테일 MD, 제조사에는 제조사 MD가 있습니다. 제조사에는 기획, 생산, 구매(매입), 영업의 각 역할을 담당하는 4종류의 MD가 있고 유통사에는 구매와 영업 2종류의 MD가 있습니다. 물론 PB를 운영하는 유통사에는 제조사와 마찬가지로 4종류의 MD가 모두 존재합니다. 특별히 오프라인에는 상품 비주얼과 관련해 마네킹 코디, 상품 진열이나 공용 공간 디스플레이 등을 담당하는 비주얼 MD인 VMD가 따로 있기도 합니다.

영업 MD 중에 AM, BM, CM이라는 직책이 있는데 이들의 차이를 알고 있나요? AM인 Account Manager와 BM인 Brand Manager의 차이부터 설명하자면, 우선 AM은 카테고리 구분 없이 업체 단위로 MD가 선점하여 입점시킨 모든 업체를 관리합니다. 예를 들어 AM 한 사람이 정관장, 나이키, 에이스침대 등을 관리할 수 있다는 뜻이죠. BM은 AM와 달리 한 카테고리의 브랜드들만 관리합니다. 신발 BM이라고 하면 나이키, 아디다스, 휠라 등을 관리하는 겁니다. 그래서 AM의 관리 영역이 얕고 넓다면 BM은 좁고 깊습니다. CM은 Category Manager인데 패션의류 CM이라고 하면 남성복, 여성복, 캐주얼복 등을 총괄하며 각 BM들을 관리하는 매니저라고 보면 됩니다.

오프라인 매입(구매) MD

이제 오프라인 영역으로 넘어가보겠습니다. 리테일 MD는 채널에 따라 오프라인 MD와 온라인 MD로 나뉩니다. 오프라인 MD는 매입 MD와 영업 MD가 있는데 먼저 매입 MD는 백화점, 아울렛, 쇼핑몰, 마트 이런 공간에 콘텐츠를 채워 매출과 수익을 창출하죠. 저는 오프라인 유통사에 있을 때 패션 매입 MD와 영업 MD를 모두 경험했는데요, 매입 MD였을 때 백화점과 아울렛 52개 유통 점포를 관리했습니다. 좀 더 자세히 설명하자면, 스포츠 매입 MD가 52개 점포에 있는 52개 스포츠층을 어떤 브랜드로 채울지 고민하며 책임지는 겁니다. 주 업무로 각 브랜드들과 평수, 입지, 입점 수수료 등을 협상하는 일을 합니다. 참고로 백화점에서는 조닝Zoning이 굉장히 중요한 개념입니다. 조닝이란 브랜드마다 타겟층, 콘셉트, 아이덴티티, 핵심 가격대가 있는데 비슷한 성격의 브랜드끼리 묶어서 매장 배치를 하는 것을 뜻합니다. 사람들이 백화점이 다 비슷비슷하다고 느끼는 이유도 바로 조닝에 있습니다. 조닝을 너무 강조하다 보니 모든 백화점이 천편일률적인 모습을 띠게 되어버린 거죠. 그래서 프리미엄 아울렛, 더현대 서울 등 조닝을 파괴한 쇼핑몰에 고객은 신선함을 느끼는 것이고요.

백화점 이야기를 좀 더 해볼까요? 백화점에서 가장 비싼 땅은 어디일까요? 말할 것도 없이 고객의 눈에 가장 잘 띄는 곳이겠죠. 오프라인 매입 MD는 어찌 보면 부동산 중개업자 같다고 할 수 있습니다. 백화점에는 각 층에 구획을 지어놓고 위치에 따라 부르는 명칭도 다릅니다. 에스컬레이터에 붙어 있는 매장을 시스루, 백화점 벽면에 붙어있는 매장을 박스, 섬처럼 중간

중간에 있는 매장을 아일랜드라고 부르는데 브랜드마다 선호하는 위치가 다 다릅니다. 매장 위치에 따라 장단점이 있기 때문인데요.

이미지와 비주얼을 중시하는 브랜드는 상대적으로 인테리어 효과를 크게 볼 수 있는 박스 매장을 선호합니다. 대신에 인테리어 비용이 많이 들겠죠. 또 어떤 브랜드는 에스컬레이터에서 바로 보이는 아일랜드 매장을 선호합니다. 박스 매장에 비해 인테리어 효과는 떨어지지만, 인테리어 비용을 적게 들이며 트래픽을 확보하는 실리를 추구하는 겁니다. 그 안에서도 이런저런 이유로 브랜드들은 에스컬레이터 상행선을 선호하기도 하고 하행선을 선호하기도 해요. 해당 점포의 고객 동선을 고려해 브랜드들도 몇 층, 어느 위치에 입점할지 현장 답사를 하면서 고민하고 연구하죠.

매입 MD는 정기적으로 브랜드를 평가하는데 어느 유통사의 어디 점포에 입점했는지, 매출 성장세는 어떤지, 매장 확장성은 좋은지 등등의 기준에 따라 A, B, C급으로 분류합니다. 브랜드는 등급에 따라 제안받는 입점 수수료가 달라지거든요. 실제로 국내 최정상 A+급 브랜드에는 매입 MD가 백지수표를 들고

가기도 합니다. 입점을 제안하는 점포의 공도면을 보여주며 먼저 브랜드에서 원하는 위치를 고를 기회를 주는 겁니다. 심지어 A+급 브랜드는 인테리어 비용도 유통사에서 지원받고 입점 수수료도 거의 없을 정도로 파격적인 대우를 받기도 해요. 이런 브랜드는 계약서상에는 을이지만 실질적인 갑이라고 할 수 있습니다.

오프라인 MD가 실제 유통 점포 공간에 브랜드라는 콘텐츠를 채우는 역할을 한다면 온라인 MD는 웹페이지라는 무한에 가까운 가상 공간에 상품 콘텐츠를 채웁니다. 기본적인 원리는 같지만, 같은 듯 다른 관리 포인트가 있어요. 온라인은 오프라인보다 공간적인 제약이 없기에 훨씬 더 많은 상품과 브랜드를 취급하고 관리합니다. 우리나라 오프라인 1등 마트가 이마트인데 그곳에서 취급하는 상품 수가 약 6만 종이거든요. 그럼 쿠팡은 과연 몇 종의 상품을 취급할까요? 놀라지 말아요. 무려 600만 종입니다. 오프라인보다 100배나 많은 종류의 상품이 온라인에서 팔리고 있는 거죠. 온·오프라인 속도가 100배 차이 난다는 말이 실감 나죠? 그래서 온라인 MD는 많은 상품을 신속하게 잘 관리하는 역량이 중요합니다.

오프라인 영업 MD

숨 고를 새 없이 다시 오프라인으로 넘어가보겠습니다. 오프라인의 영업 MD는 무슨 일을 할까요? 뒤에서 자세히 소개하겠지만, 영업 MD의 일은 크게 상품 확보, 인원 관리, 운영 개선이라는 세 가지 포인트에 맞춰져 있습니다. 그중에 상품 확보를 예로 들어볼게요. 백화점에 가면 행사를 하잖아요. 행사를 기획할 때 제안서를 작성하고 점포에서 어떻게 행사를 마케팅할지 내부적으로 협상을 합니다. DM 쿠폰북 어느 위치에 어떻게 노출할지, 고객에게 메시지 전달 시 어떤 문구를 삽입할지, 실제 점포 내부 키오스크, 엘리베이터에는 어떻게 노출할지 등을 조율하는 거죠. 행사를 진행하는 브랜드와는 가격, 상품, 물량, 프로모션 등을 협상하고 주요 브랜드의 상품 확보를 위해서는 브랜드 물류센터를 직접 방문하기도 해요.

이때는 특히 A급 상품 확보가 핵심입니다. 전국에 유통 점포는 많고 물량은 한정적이기 때문에 상품 확보 전쟁이 일어나는 겁니다. 상품 확보를 잘하려면 브랜드에 먼저 당근을 주는데 보통 이런 식으로 제안을 합니다.

"저희 점포 1층 정문에 전관 행사장이 있는데 하루에 평당 100만 원 매출이 나오는 공간이에요. 10월 첫 주 4일간 20평을 할당해드리려고 하는데 3만 원 대 미끼 상품 30%를 포함한 5~7만 원 대 핵심 물량 5,000장이 필요합니다."

여기서 물량 5,000장은 어떻게 계산해서 나온 결과일까요? 먼저 매출 목표는 8,000만 원(=평당 100만 원×20평×4일)이 됩니다. 오프라인에서 행사 물량은 통상 매출 목표 대비 3배수가 이상적이에요. 판매율과 반품율을 고려할 때 재고는 넉넉히 확보할수록 좋기 때문입니다. 3~7만 원대로 구성된 행사의 평균 판매가를 5만 원으로 잡으면 목표 매출 8,000만 원을 달성하기 위해 1,600장(5만 원×1,600장=8,000만 원)을 판매해야 하겠죠. 그래서 약 3배수인 5,000장을 확보하려는 겁니다.

백화점은 상품을 매입해서 판매하는 곳인데 물량을 과도하게 확보했다가 재고가 많이 남으면 어떻게 관리할까요? 백화점은 판매분에 대해서만 매입을 하는 특정 매입 거래 방식으로 진행하기 때문에 재고 리스크가 없습니다. 대량의 상품을 매입한 후에 판매된 수량만큼만 매입으로 처리하고 남은 재고는 다시 협력사로 반품하기 때문이죠. 그래서 백화점 입장에서는 상품을 많이 확보할수록 매출은 올라가고 재고 리스크는 없기 때문에 가능한 한 많은 물량을 제안합니다.

온라인에도 이와 비슷한 특약 매입이 있는데 대표적인 예가 쿠팡의 로켓그로스(구 제트배송)입니다. 쿠팡 입장에선 재고 리스크가 없어서 공격적으로 물량 확보를 해도 되죠. 반면 쿠팡의 로켓배송은 반품이 없는 직매입이라 재고 리스크를 줄이기 위해 데이터에 기반하여 신중하게 상품을 매입하는 차이가 있습니다.

마지막으로 오프라인 VMD입니다. 오프라인에서는 행사를 위한 준비가 되면 VMD와 협업해 상품을 연출합니다. 마네킹을 어느 위치에 몇 개를 세울지, 행사 레이아웃은 어떻게 구성하고 상품 진열을 할지 등 상품이 더욱 가치 있게 보이도록 상품의 비주얼에도 신경을 써야 하거든요. 모든 준비가 끝나면 판매사원들까지 세팅하고 행사를 진행하는데 저는 영업 MD일 때 직접 판매도 많이 경험했습니다. 고객과의 대면을 통해 고객 니즈를 파악하는 것이 중요하기 때문인데요. 덕분에 영업 MD로 일하면서 판매 능력을 덤으로 얻기도 했습니다.

오프라인 MD vs 온라인 MD

생각보다 세부 직군이 많은 MD의 일을 어느 정도 정리하여 말씀드렸는데요, 리테일 MD에는 채널에 따라 오프라인 MD와 온라인 MD로 나눈다고 했던 이야기 기억하나요? 그렇다면 오프라인 MD와 온라인 MD의 과제는 어떻게 다를까요? 리테일 MD의 주요 업무는 크게 3가지로, 상품 확보, 협력업체 관리, 고객 경험 개선으로 압축할 수 있습니다. 제 경험으로 오프라인 MD는 브랜드 관점으로 콘텐츠를 소싱합니다. 백화점 한 층의 비어 있는 공간을 어떻게 쪼개서 얼마나 평당 효율을 극대화할 것인지 고민하면서 말이죠. 그래서 오프라인은 공간의 예술이라 할 수 있습니다. 브랜드 관점으로 조닝, 급지, 평수 등을 고려하여 브랜드를 소싱하고 고객에게 보여주기 때문입니다.

그런데 온라인은 상품 관점으로 콘텐츠를 소싱합니다. 오프라인 MD가 브랜드를 소싱하는 브랜드 MD라면 온라인 MD는 상품을 소싱하는 상품 MD라는 생각이 듭니다. 오프라인에서는 나이키라는 브랜드의 여러 상품을 매장 안에 한눈에 쫙 보여줄 수가 있잖아요. 온라인에도 물론 브랜드샵이라는 개념이 있지만, 온라인에서는 고객 대부분이 특정 상품군이나 상품명을 검색해서 쇼핑을 하니까 상품 하나하나가 훨씬 더 중요해지는 거예요. 그래서 온라인 MD는 상품 MD로서의 상품 단위 기획과 노출, 소싱 능력이 필요합니다.

온, 오프라인 MD 모두 협력 업체에서 의사결정권을 갖고 있는 키맨과 관계성을 쌓는 것이 기본이자 필수입니다. 성과에 직접적인 영향력이 있는 사람을 통칭해서 키맨이라고 부릅니다. 열쇠를 쥐고 있는 사람이라는 뜻이죠. 성과에 도달하는 최단 거리를 설계하려면 이른바 키맨을 빨리 찾고 컨택하는 것이 필수입니다. 오프라인에서는 키맨 외에도 브랜드 매장에서 근무하는 점주, 매니저 등 판매사 관리가 매우 중요합니다. 오프라인 MD는 브랜드 본사 키맨과 협의하여 A급 상품을 확보하면 실제 매장에서 어떻게 잘 팔 것인지 판매사와 협의하죠. 사람이 하는 일이다 보니 판매사의 정서 관리도 MD에게는 중요한 과업이에요. 판매사의 감정이 판매에 직접적인 영향을 미치거든요.

제가 백화점 패션 영업 MD였을 때 40개 매장 점주들과 하루 종일 상담하는 것이 일과였던 적도 많았습니다. "팀장님, 저 오늘 개시하자마자 반품이 들어와서 일할 맛이 뚝 떨어졌어요." "분명히 입은 흔적이 있고 상품이 훼손되었는데 진상 고객이 막

무가내로 환불해달래요. 저 진짜 억울하고 너무 화가 나서 못 해 먹겠어요." 이모뻘 되는 점주들의 눈물 섞인 하소연을 들어주고 위로해주는 일을 종일 하다 보니 정말 공감 능력이 압축적으로 향상되었던 시절이었습니다. 이 능력은 훗날 결혼 생활에서 아내와 대화할 때 진가를 발휘하기도 했고요. 점주들 덕분에 얻은 능력으로 저는 가정의 평화를 지키고 있습니다.

오프라인에서는 1등 매장 판매사가 상품을 어떤 식으로 판매하는지 노하우를 공유하는 시간도 가집니다. 판매에 결정적인 역할을 하는 판매사 교육은 아무리 그 중요성을 강조해도 지나치지 않거든요. 반면 고객에게 상품이 배송되는 과정까지 모두 책임지는 풀필먼트 기반의 온라인에서는 MD가 영업라인의 키맨 관리와 더불어 물류 라인의 키맨과도 핫라인을 구축하는 것이 꼭 필요합니다. 풀필먼트의 핵심은 물류이기 때문에 상품을 제때 확보하려면 물류 라인 키맨과의 소통이 불가피합니다.

오프라인에서 브랜드 매장의 운영 개선을 위해서는 상품 디스플레이를 바꾸는 작업을 합니다. 또 브랜드 키맨과 긴밀히 소통해서 매장 내에 기획 상품, 신상품, 이월 상품의 비율을 어떻게 구성하고 어디에 진열할 것인지, 브랜드 입·퇴점 시즌에 매장의 이동·확장·축소 등을 협의하는데요, 보통 디스플레이는 판매사가 직접 하기도 하고 A급 브랜드의 경우에는 자체 VMD의 도움을 받아 정기적으로 매장의 마네킹 코디와 상품 진열을 교체하기도 합니다. 브랜드 자체 매뉴얼이 있어서 전국 매장의 콘셉트를 통일하여 브랜드의 아이덴티티를 유지하는 거예요.

그런데 여기에서 이론과 실제의 충돌이 발생합니다. 판매사와 VMD가 싸우는 경우를 종종 볼 수 있는데 판매사는 실제로 잘 팔리는 상품을 메인에 보여주길 원하고 VMD는 비주얼 위주로 디스플레이를 하다 보니 의견 차이가 생기는 거죠. 백화점 자체적으로도 VMD가 있어서 비주얼 강화가 필요한 매장에 지원을 해주거나 층 전체의 콘셉트를 정리하는 역할도 합니다. 한 마디로 오프라인 MD에게는 공간 최적화와 브랜드에 대한 이해가 중요해요. 이 브랜드가 어느 조닝에 속하고 타깃 고객은 누구이며 콘셉트는 어떤지, 경쟁 브랜드와 친구 브랜드는 무엇인지 상성 관계도 알아야 하죠.

운영 개선이 온라인에서는 결국 고객 경험 개선인데요. 고객이 찾는 상품 구색을 갖추는 것은 물론 썸네일 이미지, 상세페이지의 셀링포인트 등 콘텐츠를 통한 상품화 작업이 핵심입니다.

리뷰와 배송, 반품 등 고객 만족 관리는 기본 중의 기본이고요. 그래서 온라인 MD에게는 고객 경험 개선과 상품에 대한 이해가 중요해요. 특히 요즘 들어 온라인에는 개인화된 큐레이션과 상품 스토리텔링을 위한 콘텐츠의 중요성이 더욱 증가하고 있습니다. 오프라인은 한정된 공간 안에 한정된 상품을 판매사가 응대하며 판매하는 반면, 온라인은 무한한 공간에 무한한 상품이 있는데 오프라인과 같은 판매사가 없다 보니 고객에게 맞춤형으로 서비스를 제공하여 구매 전환율을 높이는 게 관건이에요.

오프라인 MD와 온라인 MD을 이해하는 핵심은 직접 체험이 가능한 대신 공간적 제약이 있는 오프라인과 직접 체험은 제한되지만 공간적 제약이 없는 온라인이 상호 보완적 관계라는 것이에요. 오프라인의 강점이 온라인의 약점이 되고 온라인의 강점이 오프라인의 약점이 되니까요. 같으면서도 다르고 다르면서도 같은 온, 오프라인은 앞서 언급한 것처럼 O4O까지 진화하고 있습니다. 아마존고, 구글 오프라인 매장, 시세이도 플래그십 스토어, 무신사 오프라인 매장 등이 좋은 예가 되겠습니다. 풀필먼트로 수렴하는 온, 오프라인은 하나가 되어 더욱 시너지를 내며 성장할 것으로 예측됩니다.

	오프라인 MD	온라인 MD
주요 업무	• 상품 확보: 브랜드 관점으로 소싱, 행사 기획, 재고 관리 등 • 협력업체 관리: 키맨, 판매사 관리 등 • 운영 개선: DP, 상품 구성비, 매장 이동 및 확장, 축소 등 → 공간 최적화와 브랜드에 대한 이해가 중요	• 상품 확보: 상품 관점으로 소싱, 상품 단위 노출 기획 등 • 협력업체 관리: 영업 및 물류 키맨 관리 등 • 협력업체 고객경험 개선: 콘텐츠, 리뷰, 배송, 반품 등 고객만족 관리 → 고객 경험과 상품에 대한 이해가 중요(상품 큐레이션, 콘텐츠 구성)
S 강점	• 판매사원 있음 → 채용 및 관리 역량 중요 • 대면을 통한 상품 및 업체 이해도가 높음	• 시간과 공간 제약 없음 → 속도감과 확장 역량 중요 • 빅데이터를 활용한 상품 적중도가 높음
W 약점	시간과 공간 제약 있음 → 피크타임, DP, 급지 효율적 운영 필요	판매사원 없음 → 콘텐츠, 노출, 리뷰, 검색 최적화 등을 통한 스토리텔링과 맞춤형 큐레이션 중요
O 기회 요소	고객 경험과 체험 공간, 데이터 수집 공간, 물류 공간으로 변화 모색 가능	빅데이터, AI, 머신러닝 등 기술을 활용한 고객 경험 향상 가능
T 위협 요소	팬데믹으로 가속화된 리테일 아포칼립스(토이저러스, JC페니 파산 등)	치킨게임 가속화로 출혈 경쟁, 적자 확대, 가품 및 어뷰징 문제 등
변화 요소	• 디지털 트렌스포매이션 기반 O4O: 오프라인과 융합한 온라인 플랫폼, 소비자 구매여정 관리, 온/오프라인 통합 밸류체인 시스템 구축(ex. 아마존고, 구글 오프라인 매장, 시세이도 플래그십 스토어, 무신사 오프라인 매장 등) • 풀필먼트 확산: 매입, 보관, 마케팅, 판매, 배송까지 모두 담당	

구글링을 통해 '유통 산업 전망'을 검색하여 자료를 찾으면 산업별 전망, 트렌드 파악이 가능합니다. 저는 자료를 찾다가 '패션은 팬데믹으로 캐주얼복과 온라인 채널 중심의 회복세가 예상된다'라는 내용을 보고 실제로 홈웨어 원피스, 빅사이즈 티셔츠, 트레이닝복, 조거 와이드 팬츠 등 원마일웨어 소싱에 집중했습니다. 그 결과 제가 맡은 카테고리의 매출이 전년 대비 89% 성장하기도 했죠. MD는 끊임없이 시장 동향에 따라 발 빠르고 유연하게 대처할 수 있어야 합니다.

사회적 거리두기가 끝나고 팬데믹이 종식되면 산업별 추세는 어떻게 변할까요? 이미 집에서 편하게 입는 이지웨어에서 청바지, 투피스 정장 등 외출복으로 무게 중심이 이동하고 있습니다. 코로나 사태가 끝나면서 재택근무에서 전면 출근으로 전환하는 회사들이 늘었기 때문이죠. 유통은 사회의 변화에 민감하게 반응하기 때문에 MD는 늘 어디에 집중해야 할지 안테나를 세우고 있어야 합니다.

코로나 사태가 터졌을 때 오프라인 유통의 매출은 감소했지만, 명품은 여전히 강세였던 것을 기억하나요. 사람들이 팬데믹으로 해외에 못 나가면서 보상 심리로 백화점을 찾아 명품 보복 소비를 했는데 이때 명품 업체들은 사상 최대 실적을 기록한 바 있습니다. 식음료 시장은 비대면 배달이 엄청나게 활성화되는 계기가 되었고, 마스크를 쓰면서 눈 화장만 했던 화장품 시장은 이제 전반적으로 다시 회복세를 전망하고 있습니다. 물론 최근에 커지는 물가 압력 속에 높아진 경기침체 우려로 시장이 위축되고 있지만요.

업태별로도 유통을 보면 큰 흐름을 볼 수 있어요. 절대 강자가 없는 우리나라 온라인 생태계는 앞으로도 더욱 치열한 치킨 게임을 하게 될 겁니다. 대표적인 곳이 네이버인데, 이미 CJ대한통운과 협력해서 풀필먼트 사업을 확대하면서 쿠팡을 위협하고 있습니다. 신세계도 기존의 이마트 쓱배송 시스템을 활용하여 풀필먼트 서비스를 확대하고 있고, 11번가도 아마존과 협업하면서 이커머스는 보다 더 빠른 배송을 위한 각축장이 되고 있습니다. 우리나라 이커머스 시장이 조만간 전 세계 3위권에 진입하게 될 텐데 과연 치킨 게임의 승자는 누가 될지 저 역시 궁금하네요.

앞으로는 오프라인이냐 온라인이냐, 이것이 중요하지 않을 겁니다. 대세라 일컬어졌던 온라인도 변화하지 않고 계속 출혈 경쟁에만 치중한다면 도태될 것이기 때문입니다. 반면 모두가 하락을 예견했던 오프라인 역시 온라인에서 줄 수 없는 체험과 경험의 공간으로 탈바꿈된다면 다시 살아남을 것이고요. 결국 고객 경험에 답이 있습니다. 온오프라인 어디서나 편리하고 재밌게 쇼핑할 수 있느냐, 그 서비스를 얼마나 고객 중심으로 구현해내느냐가 관건인 거죠.

산업통상자원부, 통계청에도 좋은 자료가 많습니다. 오프라인과 온라인 유통 전체 매출 성장세는 어떤지, 업태별·상품군별 매출 구성비가 어떻게 바뀌었는지 등등 흐름을 알 수 있어요. 참고로 최근 산업통상자원부가 배포한 '주요 유통업체 매출동향'을 보면 오프라인은 거리두기 완화에 따른 야외활동 증가와 보복 소비 영향으로 아동·스포츠를 필두로 모든 품목에서 매출이 올랐음을 알 수 있습니다. 온라인은 실외활동과 모임 증가로 화장품·식품의 온라인 구매가 늘었고 공연·레저 상품 예약과 같은 서비스 수요가 지속되면서 전반적으로 매출이 상승했고요. 이밖에 많은 자료가 있으니 일하는 틈틈이 참조해보기를 권합니다.

가장 좋은 광고는 만족한 고객이다.

-필립 코틀러

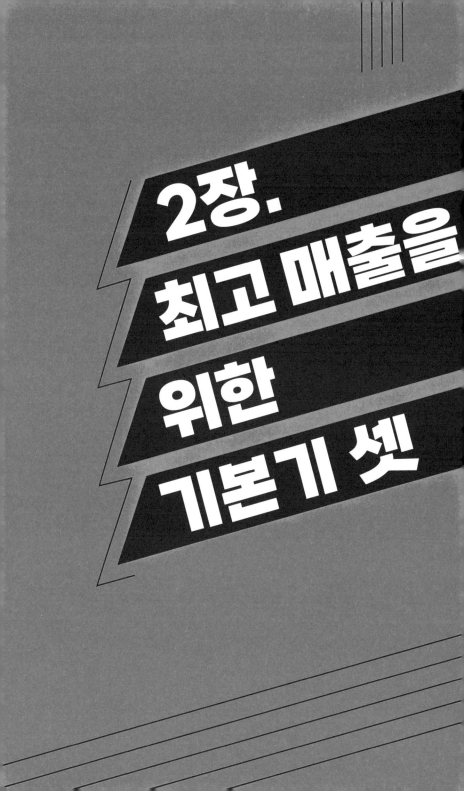

2장.
최고 매출을
위한
기본기 셋

분석력 :
데이터에는 고객의 마음이 담겨 있다

앞에서 복잡한 MD의 업무를 설명할 때 이야기했던 필수 역량 3가지를 기억하나요? 분석력, 설득력, 실행력입니다. 이 책이 끝날 때까지 이 3가지 역량을 저는 반복해서 강조할 겁니다. 그만큼 MD의 성과에 있어 너무나 중요한 힘이거든요. 하나하나 살펴보겠습니다.

분석력이란 무엇을 뜻할까요? 올바른 문제 진단이 올바른 액션 아이템을 도출하고 올바른 실행을 통해 올바른 성과를 낼 수 있잖아요. 특히 온라인 MD는 데이터 홍수 속에서 어떤 데이터를 어떻게 해석하느냐에 따라 전혀 다른 결과물을 얻기 때문에 정확한 분석력이 핵심입니다. 똑같은 숫자를 놓고도 어떤 MD는 그 안에 숨겨진 의미를 발견하는 콘텍스트로 받아들이지만, 또 어떤 MD는 숫자를 그저 텍스트로만 보고 넘기기도 하니까요.

MD는 데이터를 볼 때 숫자에 담겨 있는 의미가 무엇일지 고민하는 습관을 가져야 합니다. 데이터에는 고객의 마음이 담겨 있기 때문입니다. 숫자에 담겨 있는 고객의 마음이 무엇인지 읽어내려 노력하며 항상 숫자와 고객의 마음을 연관 지어 생각하는 습관이 필요한 이유입니다.

MD로서 상품을 직접 생산해보지 않는 이상 제조사의 상품 지식을 뛰어넘는 상품 전문가가 된다는 것은 사실상 불가능합니다. 대신에 MD가 주도권을 쥘 수 있는 지식은 자신이 몸담은 플랫폼의 빅데이터예요. 플랫폼의 데이터에 담긴 고객의 마음을 읽는 전문가가 될 때 MD는 제조사에 상품 컨설팅도 해줄 수 있는 위치에 서게 됩니다. 다시 말해 MD는 자신이 속한 플랫폼을 찾는 고객의 마음에 최대한 부합할 수 있도록 제조사의 상품 적중률을 높여주는 컨설턴트라 할 수 있습니다.

예를 들어 바지를 주력으로 하는 업체가 새로운 카테고리 확장을 원할 때 MD는 플랫폼의 빅데이터 분석을 통해 고객이 찾는 티셔츠의 디자인, 소재, 가격대, 세트 상품 구성 등을 업체에 제안합니다. 이로써 고객의 마음에 집중하면 제조사에서 생각하지 못했던 것까지 MD가 제안할 수 있고 제조사는 시행착오를 줄이면서 빠르게 상품을 확장할 수 있습니다. 동시에 플랫폼에서는 고객 니즈를 충족시켜 매출과 수익을 높일 수 있고요. 리테일, 플랫폼이 갑의 위치라 생각할 수 있지만 진정한 갑의 역할을 하기 위해서 MD가 데이터를 분석하고 활용하여 협력업체와 윈윈하는 방안을 제안할 수 있어야 합니다. 그래야만 성과로 이어질 수 있습니다.

데이터 분석의 2가지, 그룹핑과 패턴화

데이터 분석을 할 때는 2가지, 그룹핑과 패턴화를 기억하세요. 방대한 데이터를 단순화하는 것이 핵심입니다. 다음의 두 표는 매출 분석을 그룹핑하고 액션 아이템을 패턴화한 것입니다. 데이터를 하나하나 다 볼 수 없기에 유닛, 카테고리, 벤더, 상품 등 큰 단위부터 작은 단위까지 그룹핑하여 데이터 분석을 하는 거죠. 또 이슈가 제각각인 협력업체의 실적을 분석할 때 큰 틀에서 어느 범주에 속하는 이슈인지 단순화하여 분류하면 한눈에 관리하기 쉽거든요. 가격, 노출, 결품, 구매 전환, 재고, 반품, 셀렉션 등 각 이슈에 해당하는 협력업체들을 그룹핑하고 그에 따른 액션 아이템을 패턴화해놓으면 업무 효율을 극대화할 수 있습니다. 내 안에 일종의 코딩을 하는 거죠.

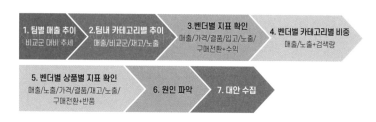

매출 분석 이슈들 그룹핑

매출 분석에 따른 이슈	협력업체와 협업하여 실행할 액션 아이템
가격	가격 검수, 할인 협의
노출	프로모션 세팅, 검색어 클렌징
결품	리드타임 관리, 대체 상품 개발
구매 전환	콘텐츠 클렌징, 결품 체크, 리뷰 분석
재고	재고 보유 일수에 따른 우선순위 소진
반품	상품 정보 보강, 반품 사유 및 리뷰 분석
셀렉션	롱테일 확대, 파레토 앵커 운영

협력업체와의 액션 아이템 패턴화

가격 이슈가 발생하면 자연스럽게 시장가를 확인하고 필요하면 가격 조정을 진행합니다. 결품이면 발주, 입고, 진열을 체크하고요. 발주가 없어서 결품이 된 것인지, 아니면 발주는 나갔는데 업체에서 입고를 못 한 것인지, 또는 업체에서 입고했는데 플랫폼의 물류센터에서 진열이 되지 않은 것인지 등을 진단해서 액션을 취해야겠죠. 재고 이슈는 재고 보유 일수(보유하고 있는 재고가 판매되어 기업의 이익으로 전환되는 기간)에 따라 우선순위를 점검해 소진 계획을 세워야 합니다.

셀렉션은 얕고 넓게 확장하는 롱테일과 좁고 깊게 파고드는 파레토를 동시에 고려해야 합니다. 롱테일은 트렌드에 맞는 신상품을 다양하게 보여주는 것을 의미하고 파레토는 검증된 탑 아이템의 재고 확보와 노출을 강화하는 것을 뜻해요. 노출수가 떨어지면 해당 상품의 검색어 점검이 필요할 수도 있고 프로모션을 통해 노출수를 올려야 할 수도 있습니다. 물론 노출수는 결품이나 가격, 시즌의 영향 등 여러 가지 경우의 수도 고려해야 하겠죠.

구매 전환 이슈는 갑자기 악성 리뷰가 달렸다거나 타사에서 더 낮은 가격이 발견되었을 때 발생할 수 있습니다. 날씨의 영향을 받기도 하는데요, 봄 상품으로 프로모션을 진행했는데 갑자기 날씨가 더워졌다면 노출은 증가하지만 구매는 하락하여 구매 전환율이 떨어질 수도 있겠죠. 구매 전환은 콘텐츠와도 밀접한 관련이 있어요. 사계절 청바지의 경우, 여름에 반팔 티셔츠와 코디한 썸네일 이미지를 보여줬다면 가을에는 긴팔 티셔츠나 아우터와 코디한 썸네일로 교체해서 구매 전환율을 올릴 수 있습니다.

온라인에서는 아무리 상품이 좋아도 썸네일 이미지가 받쳐주지 못하면 고객의 선택을 받기 어렵습니다. 고객의 감성을 자극해야 구매로 이어질 수 있으니까요. 반품률이 증가할 때는 우선 리뷰와 반품 사유를 분석해보고 만일 상품 정보가 정확하지 않은 문제가 발견되었다면 상세페이지를 보완합니다. 의류의 경우, 고객이 사이즈에 대한 불만이 있다면 정확한 치수 정보와 더불어 사이즈 측정법까지 도식화하여 안내해주면 좋겠죠.

이처럼 MD에게는 그룹핑과 패턴화라는 데이터 분석 습관이 중요해요. 고객의 마음으로 왜 이런 이슈가 발생했을까에 대해 의문을 갖고 하나하나씩 경우의 수에 대해 데이터로 확인하는 것이 MD에게는 필수적입니다. 커머스는 과학과 종합예술의 영역이라 데이터 너머에 측정할 수 없는 가치, 표준화되지 않는 의미를 사람에게서 찾아야 하니까요.

아는 것이 힘? 모르는 게 약!

재미있는 일화를 하나 소개할게요. 예전에 모 패션 대기업에서 패션 아이템별 데이터 맵을 만든 적이 있습니다. 예를 들어 셔츠의 경우 레귤러, 와이드, 차이나, 버튼다운 등 다양한 깃 모양과 소재, 팔 길이, 소매, 단추 등 디자인별 판매량과 가격대를 오랜 기간 맵으로 그려 데이터화 하는 데 성공한 거죠. 그 맵을 사용한 결과는 어땠을까요? 예상과는 달리 폭삭 망해버렸습니다. 데이터대로 생산하면 적중률이 높아져 재고가 거의 남지 않을 거로 생각했지만 트렌드, 날씨, 경기 등 변수가 많은 시장에 과거 데이터를 기준으로 삼는다는 것 자체가 오류였던 거예요.

패션은 감각과 직관을 무시할 수 없는 예술의 영역이라 데이터만 맹신하면 위험합니다. 동시에 커머스는 과학의 영역이기도 해서 감각과 직관에만 의지하는 것도 위험합니다. 협력업체와 미팅을 하다 한 가지 신기한 점을 발견한 적이 있어요. 플랫폼에서 여성 바지로 매출 1등을 하는 벤더 대표와 그 벤더에 납품하는 생산 공장 대표, 저까지 셋이 만났는데 전부 남자인 거예요. 남자 셋이서 여성 바지를 이야기하다가 동시에 이런 말을 했어요. "어떻게 하다가 남자인 우리가 직접 입어볼 수도 없는 여성복을 하게 되었을까요? 그렇다고 예전부터 우리가 패션에 관심이 많았던 사람들도 아니었고 트렌드에 민감한 성격들도 아닌데 말이죠." 잘 알지도 못하는 여성복으로 매출이 잘 나오는 게 신기하다며 웃었던 기억이 납니다.

셋이서 내린 결론은 '알면 다친다'였습니다. 셋 중에 가장 경력이 많은 공장 대표가 말하길 어느 정도까지만 알면 된다는 게 답이었던 거죠. 예술에 정답이 없듯 패션에도 정답이 있을 수 없다는 것이었어요. 스스로 상품을 잘 안다고 생각하는 사람은 자기 생각에 갇혀서 여러 가지 새로운 가능성을 무시할 수 있잖아요. 여성복을 잘 모르는 남자 셋이서 여성 바지로 가장 큰 성과를 만들어낸 사실이 아이러니했지만, 성공 요인은 '아는 것이 힘'이 아닌 '모르는 게 약'에 있었습니다. 전반적인 흐름과 전체적인 특성은 알지만, 정말 깊이 있는 영역은 편견과 선입관 없이 접근하기 때문에 오히려 다양한 가능성을 시도해볼 수 있었던 거죠. 잘 모르기 때문에 독단적이지 않게 되고 데이터를 참고해 여러 사람과 의견을 나누며 진행하게 되니까요.

상품에 대해서는 제조사가 제일 전문가입니다. 패션은 재고 싸움인데 재고를 안 남기려고 얼마나 트렌드를 분석하고 연구하겠어요. 그래서 상품은 해당 생산자에게 물어보는 것이 가장 정확합니다. 모르면 물어보면 돼요. 괜히 협력업체에 우습게 보이진 않을까 걱정해서 어설프게 아는 척하는 게 더 우습게 보일 뿐입니다. MD는 플랫폼 데이터의 전문가, 제조사는 상품 생산의 전문가로서 서로 묻고 배우며 상호 협업을 통해 윈윈해야 한다는 점을 잊지 말아야 합니다.

설득력 :
거절할 수 없는 제안을 하라

MD를 재정의하면 '거절할 수 없는 제안을 하는 커뮤니케이터'라고 생각합니다. MD는 회사의 얼굴입니다. 회사를 대표해서 협력업체와 소통하고 협상을 하니까요. MD는 협력업체의 담당 직원부터 대표에 이르기까지 다양한 사람을 만날 수 있어요. 협력업체 또한 네이버, 쿠팡, 11번가, G마켓 등 다양한 채널의 MD들과 소통하는데 이 과정에서 자연스럽게 채널별로 담당 MD의 수준을 비교하게 되지요. 지식과 경험이 풍부한 협력업체 대표가 각 채널 MD들과 몇 마디 나눠보면 대략 견적이 나오거든요. 이 채널의 MD는 내공이 부족하구나, 저 채널의 MD는 개념이 있구나, 그 채널은 방향성을 잘 잡고 있구나 등을 MD를 통해 느끼는 거예요(다짜고짜 가격부터 할인해달라고 하는 MD의 수준을 가장 낮게 평가한다는 것은 안 비밀).

나보다 훨씬 더 지식과 경험이 풍부한 협력업체 대표를 설득해야 할 때 MD에게 가장 큰 무기는 무엇일까요? 앞서 강조했듯이 바로 내가 속한 플랫폼의 고객 데이터가 답입니다. MD가 플랫폼에 최적화된 고객 데이터로 쌓은 지식과 경험은 협력업체가 통상적으로 알고 있는 고객 데이터와는 차별화되는 강력한 무기가 되는 거죠. MD는 데이터 전문성으로 상품 전문성을 가진 협력업체와 수시로 소통하면서 그들이 제공하는 데이터와 타 채널의 정보를 더해 성과를 극대화하는 방향으로 나아갈 때 주목할 만한 성과를 올릴 수 있습니다.

실제 협력업체를 설득했던 사례를 소개할게요. 제가 온라인 신규 사업 오픈 멤버로 참여했을 때였습니다. 당시 저는 제로베이스에서 협력업체에 입점을 제안하고 설득해야 했는데요. 오프라인 베이스의 협력업체는 온라인 생태계에 대해 잘 모르기 때문에 오프라인과는 비교가 안 되는 트래픽을 체감하지 못하더라고요. 피부에 와닿을 수 있도록 "이 플랫폼에 과연 패션이 잘 될까요?"라고 묻는 협력업체에 오프라인 유통사를 예로 들어 설명했습니다.

"내부 데이터를 분석해보니 액티브 유저 *천만 명의 **%가 이미 패션을 검색하고 있었습니다. 또한, 외부 데이터를 봐도 저희 플랫폼의 트래픽은 압도적 1위이며 이는 오프라인 유통사 1등의 **배에 달하는 수치입니다. 전국에 30여 개 점포를 보유한 L백화점의 하루 이용 고객 수가 총 몇 명 정도 될까요? 그 고객 수의 **배에 달하는 고객이 저희 플랫폼을 매일 이용하고 있습니다. 오프라인 리테일 아포칼립스 시대에 온라인은 연평균 **%씩 계속 성장하고 있습니다.특히, 당사의 모바일 매출 비중은 **%이며 당사의 쇼핑앱은 전체 쇼핑앱 중 점유율 **%로 1위이며 귀사의 메인 타깃 30~40대 여성 고객이 가장 많이 이용하는 앱입니다. 실제 *** 브랜드가 **개 스타일만 가지고 테스트했는데 첫 달에 매출 *억 원을 달성했습니다. 또한, 정판율(고객이 제품을 정상가에 얼마나 구매했는지 보여주는 지표)이 높은 채널을 지향하는 저희 채널의 가격 정책에 따라 브랜드의 아이덴티티를 유지하면서도 새로운 모바일 쇼핑 채널의 압도적인 트래픽을 적극 활용하시길 자신 있게 제안드립니다."

협력업체의 우려를 데이터를 통해 차분하게 설득했더니 A급 오프라인 브랜드들을 온라인 플랫폼에 하나씩 입점을 시킬 수 있었습니다. 물론 과정이 쉽지는 않았지만, MD가 먼저 데이터에 담긴 고객의 마음을 확신하고 될 때까지 협력업체를 설득한다면 분명 좋은 성과를 거둘 수 있어요. MD에게는 좋은 상품, 좋은 브랜드를 소싱하는 능력이 필수인데요. 만일 저와 같이 신규 사업에 투입되어 허허벌판에 최첨단 도시를 세우라는 미션을 받는다면 어떻게 하는 게 좋을까요?

깃발 브랜드 전략

가장 먼저 입점 대상을 정리하는 것이 필요합니다. 매출, 성장세, 주요 채널 입점 여부, 검색량 등 고객 인지도를 나타내는 지표들을 기준으로 브랜드를 평가하고 랭킹 리스트를 만들면 우선순위가 도출되니 좋겠죠. 높은 순위에 있는 브랜드부터 접촉하는데 해당 브랜드가 관심을 가질 만한 데이터와 우리가 제공할 수 있는 베네핏, 그것을 통해 브랜드가 어떻게 성장할 것인지에 대한 매출과 수익 관점의 시뮬레이션 등 치밀한 미팅 준비가 필요합니다.

입점 작업에서 중요한 것은 자랑할 수 있는 브랜드를 먼저 섭외했느냐에 달려있어요. 그래야 소위 '친구 브랜드'와 그를 추종하는 브랜드가 줄줄이 따라서 입점하거든요. 이것을 깃발 브랜드 전략이라고 합니다. 허허벌판에 꽂힌 A급 브랜드의 깃발을 보면 다른 브랜드들은 'A급 브랜드가 얼마나 따지는 게 많은데 저기에 입점할 정도면 분명 검증이 된 곳이겠구나'라며 경계심을 풀기 마련이에요. 초창기에 모든 에너지를 깃발 브랜드에 집중해놓으면 그다음부터는 일이 훨씬 수월해집니다. 앞서 오프라인에서는 MD가 국내 최정상 A+급 브랜드에 공도면을 들고 가서 매장 위치에 대한 선택권을 주고 인테리어 비용 지원, 최저 수수료 혜택 등 파격적인 대우를 한다는 내용 기억나죠? 온라인에서도 마찬가지로 프리미엄 브랜드관 개설, 단독 마케팅 지원, 수수료 혜택 등을 제안하며 A급 브랜드 모셔오기에 공을 많이 들입니다.

제가 A급 브랜드에 입점을 제안하며 업체를 설득했던 사례를 살펴볼게요. "우리는 자사몰 효율이 좋은데 굳이 왜 다른 플랫폼에 입점해야 하죠?"라고 묻는 협력업체가 있었습니다. 저는 다음과 같이 설명했고요. 결과는 성공적이었습니다.

"자사몰과 종합몰의 차이는 고객 경험이 다르다는 것입니다. 높은 자사몰 트래픽을 가진 유명 브랜드들이 뭐가 아쉬워서 아마존에 입점할까요? 바로 트래픽, 고객 경험입니다. 자사몰이 아무리 유명해도 매일 오는 고객은 없습니다. 그러나 저희 플랫폼에는 생필품, 식품 등을 구매하러 매일 고객이 찾아옵니다. 저희 채널의 멤버십 가입 고객은 ***만 명을 돌파했고 1주일에 **만 원 이상 구입하는 로열티 고객은 액티브 유저의 **%에 달합니다. 귀사는 현재 오픈마켓에서 플랫폼 이용 수수료 **%를 내시면서 상품 등록부터 마케팅, 재고 관리, 배송, CS까지 전부 직접하고 계십니다. 시뮬레이션해보니 이 모든 판관비가 **%에 달합니다. 백화점에도 입점하셨는데 입점 수수료, 중간 관리자 수수료, 인테리어비, 창고/물류비 등 오프라인 판관비는 **%에 달합니다. 저희 직매입 채널 한 곳에 입점하시면 전국 백화점 100개를 합친 트래픽보다 최소 **배 이상의 효과를 보실 수 있으며 무엇보다 직매입이기 때문에 재고 리스크를 포함한 모든 판관비를 절감하실 수 있습니다. 또한, 동일 상품의 경우 오픈마켓 대비 **배의 구매전환율이 나오기 때문에 우선 테스트부터 해 보시면 명확해질 겁니다."

MD는 매니저다

약간 김빠질 수 있지만, 온갖 정성을 들여 A급 브랜드 입점에 성공한다고 해도 이게 끝이 아닙니다. 사실 진짜 시작은 이때부터라고 할 수 있습니다. A급 브랜드가 A급다운 실적을 내도록 MD의 매니지먼트가 중요하니까요. 계속 제 경험인데요, 실제로 데이터를 통해 진심을 상대에게 전달해서 성과를 냈던 사례를 소개할까 합니다.

무엇보다 컨설팅 관점으로 데이터를 분석해서 설득했던 것이 주효했습니다. 맨투맨, 아우터, 티셔츠 등 카테고리별로, 운영하는 상품 스타일(디자인) 수에 따른 매출 효율을 '스타일 당 판매수량'으로 먼저 분석했습니다. 어떤 카테고리의 효율이 높은지 한눈에 들어오도록 표를 만들고 상반기 데이터 분석을 통해 결론을 도출했습니다. 그랬더니 하반기에는 판매 효율이 낮은 바지, 셔츠는 축소하고 효율이 높은 후디, 트레이닝복은 집중적으로 확대한다면 매출이 얼마까지 달성 가능하다는 식으로 시뮬레이션 결과가 나오더라고요.

여기에 한 단계 더 들어가서 가격대, 메인 컬러, 메인 사이즈에 따른 물량 비중까지 깊게 논의한다면 어떨까요. 물론 저는 매출 목표 달성을 위해 카테고리별 가격대에 따른 물량 비중도 추가적으로 분석했습니다. 이 자료를 가지고 브랜드와 미팅을 했는데 브랜드 대표가 이렇게 흥미로운 채널은 처음이라며 A급 물량을 우리 채널에 집중적으로 밀겠다는 약속을 받아냈습니다. 미팅 이후 실제로 제가 요구했던 물량의 2배를 확보할 수 있었죠. 간절함과 진심이 잘 전달되어 성과를 냈던 사례였어요.

MD는 거절할 수 없는 제안을 하는 커뮤니케이터로서 상대의 마음을 움직이기 위해 항상 상대의 입장에서 생각하고 소통하는 습관이 중요해요. 진심을 담아 타인 중심적으로 생각하는 습관이야말로 MD에게 가장 큰 무기라고 할 수 있습니다.

실행력 :
이런 것까지? 이런 것까지!

이제 MD의 실행력에 대해 알아볼 텐데요. 결론부터 말하면 이런 것까지, 이렇게까지 해야만 성과가 난다는 게 핵심입니다. '내가 이런 것까지 해야 해?'라고 하는 것까지 해야만 성과가 나거든요.

이직 면접 시에 면접관이 지원자를 평가하는 포인트가 뭔지 아나요? '이 사람은 근무 환경이 바뀌어도 적용 가능한 핵심 노하우와 자산을 가졌는가'입니다. 즉 이 사람은 회사의 바잉 파워와 트래픽 등 회사의 능력에 기대서 우연히 얻어걸린 성과를 냈는지, 아니면 회사의 자산을 잘 활용하여 자기만의 지식과 노하우를 만들고 주도적으로 성과를 냈는지 본다는 거예요. 주어진 환경에 따라 성과가 왔다 갔다 하는 사람이 있는 반면, 자기만의 노하우가 있는 사람은 다른 회사에 가서도 그 지식을 적용해서 꾸준히 성과를 내기 때문이죠.

누차 반복하지만 결국 고객의 마음, 고객 경험, 고객에 대한 집착이 분석·설득·실행의 근본입니다. 특히 실행할 때는 더더욱 고객의 마음이 중요한데 1차 고객인 소비자, 2차 고객인 협력사, 3차 고객인 사내 협업부서의 마음을 잘 읽어내야 해요. 데이터 분석을 통해 1차 고객의 마음을 파악하고 2차 고객의 마음이 움직이도록 소통해서 이것을 3차 고객의 마음에 들게 어떻게 구현할 것인지 실행하는 주체가 바로 MD라는 사실 잊지 말아야 해요. 특히 3차 고객의 중요성을 간과하기 쉬운데 상사, 유관부서 등 내부적으로도 다양한 니즈를 충족시켜야 비로소 의미 있는 성과를 낼 수 있습니다.

실행력을 극대화했던 사례 1

제가 실제 이런 것까지, 이렇게까지 해본 사례를 소개할게요.

이직해서 신규 사업부에 합류했을 때 제로베이스에서 기존과는 아예 다른 프로세스를 만드는 실행 PM을 맡았었는데요. 옆 부서에 누가 있는지도 모르는 상태에서 입사와 동시에 PM을 맡다 보니 현타가 오더라고요. 솔직히 퇴사를 생각하지 않은 날이 없을 정도로 막막하고 힘든 과정이었지만, 지나고 보니 제가 한 단계 성장하게 된 좋은 기회였다는 생각이 듭니다. 문제는 눈과 같아서 회피하면 눈덩이처럼 불어나지만, 끌어안으면 눈 녹듯이 녹아버린다는 것을 깨닫게 되었거든요.

앞에서 판매분 특정 매입이 뭔지 설명했던 내용 기억하죠? 직매입 시스템 위주의 종합몰에서 패션 신규 비즈니스를 론칭해야 했는데 국내 유통은 백화점 3사의 판매분 특정 매입 거래 방식이 통용되고 있어 직매입 시스템과는 맞지 않았습니다. 그래서 오프라인 유통의 특정 매입 거래 방식과 유사한 특약 매입 프로세스를 개발하게 되었고요.

각 유관부서의 PO(Product Owner)와 차례로 미팅, 연결 고리가 있는 부서끼리 연합해서 미팅, 정기적으로 전체 미팅 등 수도 없이 이 과정을 반복해서 실행했습니다. 법무팀, 정산팀, 물류팀, 개발팀, 발주팀, 가격팀 등 거의 안 만나본 부서가 없었을 거예요. 1차, 2차, 3차 고객의 마음이 서로 통하도록 분석하고 소통하며 실행하는 것이 얼마나 중요한지 이때 많이 배웠습니다. 처음에는 '나는 MD인데 왜 이런 것까지, 이렇게까지 해야 하나'라는 물음표가 머릿속에 떠다녔지만, 문제가 하나씩 해결되는 것을 보며 물음표가 점점 느낌표로 바뀌는 것을 경험했어요. MD는 '머릿속의 물음표를 느낌표로 바꾸기 위해 실행, 또 실행하는 사람'이라는 생각이 들었죠. '나는 이런 것까지, 이렇게까지 해봤다'라는 나만의 스토리가 있으면 어떤 회사에서 일하든, 어떤 포지션에서 일하든 당당할 수 있습니다.

실행력을 극대화했던 사례 2

이번에는 오프라인 MD로 일할 때 사례를 소개할게요. 당시 상품본부 MD였던 저는 신규 점포 오픈을 위해 국내 최정상 브랜드 H를 입점시키라는 미션을 받았습니다. 가뜩이나 콧대 높기로 유명한 H인데 당시 H에서는 도심형 아울렛 철수 정책까지 펼치던 때라 협상이 도저히 불가능한 상황이었죠. 다른 방법이 없었어요. H에 단 하루도 빼먹지 않고 매일 찾아갔어요. H의 키맨은 한두 번 알아듣게 거절했는데 계속 성가시게 구는 제가 눈엣가시였을 겁니다. 그는 "회의가 있다" "출장이다" "바쁘다" 등 갖은 핑계를 대며 저를 피하려고 했어요. 거기에 굴하지 않고 H 주차장에서 만나줄 때까지 기다리고, 심지어 지방 출장까지 따라가며 매일 얼굴을 비추었죠. 그래도 안 만나줄 때는 그에게 필요한 업계 정보를 모아 전달해 주기도 했어요.

그렇게 한두 달이 지나자 그는 열정에 반했다며 조금씩 마음을 열더라고요. 개인사까지 나눌 정도로 가까워지자 내부 핵심 정보를 조금씩 오픈했는데 H 대표는 중국 진출을 고민하고 있고 적절한 파트너사를 찾고 있었습니다. 저는 바로 우리 회사가 중국에서 달성한 성과와 파트너사로서의 매력을 강조한 협상 자료를 준비했죠. 이걸 계기로 회사 창립 이래 최초로 H의 본부장과 전략기획실장이 먼저 우리 회사로 찾아와 제휴를 요청하는 일이 벌어졌어요. 상호 완고한 정책으로 인해 경영자 간의 의견 차이를 좁히지 못해 결국 협상은 결렬되었지만, 우리 회사의 위상이 한층 높아진 계기가 되었어요. 결과는 실패였지만, 저는 부서의 모든 동료에게 박수를 받았죠.

이런 것까지, 이렇게까지 해보지 않았다면 절대 경험해보지 못했을 일이에요. 최선을 다한 실패는 아름다울 수 있다는 것을 느끼게 되었습니다. 여러분도 이런 것까지, 이렇게까지 해봤다고 말할 수 있는 경험이 있나요? 집요한 실행 습관을 통해 차곡차곡 쌓인 경험들이 나만의 지식으로 하나하나 정리되어 간다면 대체 불가한 MD가 되는 것은 시간문제 아닐까요.

저는 오프라인에서 일할 때 모든 숫자를 하나의 엑셀 파일로 만들어서 관리했습니다. 매출은 물론 영업이익과 당기순이익까지도 관리했는데 한없이 늘어나는 관리 포인트들을 한눈에 볼 수 있게 정리한 거예요. 이렇게 되면 월별 목표와 마케팅 이슈에 따라 집중 브랜드 선정과 전략을 자연스럽게 달리 하게 됩니다. 이렇게 사계절을 거듭하며 자기만의 패턴과 지식을 쌓아가는 게 중요합니다.

당시 제가 사용하던 엑셀 파일 '12달 성과 관리 워크시트'를 공유합니다. 아래 QR코드로 다운로드하면 됩니다. 실제 브랜드와 매출액이 적힌 엑셀 파일도 추가했으니 각자 업무에 맞춰 베리에이션하고 잘 활용하기 바랍니다.

MD로서 스킬업을 위해 제가 오프라인 MD 때 가장 기억에 남는 업무와 성과를 소개할게요. 온라인으로 이직할 때 면접에서도 결정적인 역할을 했던 내용이라 온라인에서도 통하는 핵심 스킬이에요. 백화점 여성층 담당이었을 당시 졸지에 혼자 여성층의 40개 브랜드를 관리하게 되면서 정말 고민이 많았어요. 보통 팀장 1명, 담당 1명, CS 매니저 1명 이렇게 3명이 대형 점포의 한 층을 관리하는데 갑작스럽게 팀장이 발령이 나고 CS 매니저는 충원이 안 되면서 저 혼자 남게 된 거예요. 물론 규모가 훨씬 큰 온라인에서는 40개 브랜드가 적게 느껴질 수도 있지만, 그때 대형 오프라인 점포에서 15년 차 팀장이 책임졌던 40개 브랜드를 겨우 3년 차인 제가 혼자 관리한다는 것은 상상 초월의 부담이었죠.

제가 쉬면 층의 관리자가 없는 상황이라 휴무도 거의 못 하는 상황에서 어떻게 하면 효율적으로 일할 수 있을지 끊임없이 고민했습니다. 그러다 《80/20 법칙》 이라는 책을 보게 되었는데 "80을 만드는 20에 몰입하라"는 메시지가 뇌리에 박혔어요. 책에서 얻은 인사이트를 그대로 현장에 적용해보기로 했죠. 실질적으로 우리 점포의 80% 수익을 창출하는 상위 20% 브랜드가 어디인지 분석했고 수익 관점으로 우선순위에 따라 브랜드들을 A, B, C, D 그룹으로 나누어 각각의 관리 포인트를 심플하게 세팅했어요.

그렇게 수익을 창출하는 A그룹 8개 브랜드에 무조건 최우선으로 집중했습니다. 40개에서 8개로 관리 브랜드 수가 확 줄어든 거죠. 그다음으로 수익을 갉아먹는 B그룹은 정식 절차에 따라 퇴출하며 브랜드 교체 작업을 진행했어요. 제 몫을 하는 C그룹은 가만히 놔두면 되었고, B그룹으로 떨어질 가능성이 있어 불안했던 D그룹에는 손익분기점 매출 목표를 주고 달성률만 관리했어요. D그룹은 B그룹이 퇴출당하는 것을 보면서 자연스레 매출 목표 달성을 위해 노력하더라고요.

큰 전략을 짠 후 그룹별 세부 전술을 계획하고 우선순위로 업무를 진행했어요. A그룹 관리의 핵심은 3개월 전에 8개 브랜드 임원진을 다 만나서 대형 기획전을 협의하고 상품을 확보하는 것이었어요. 분석한 데이터를 토대로 임원진에 '귀사가 당사에 기여하는 바가 이렇게 크기 때문에 당사도 모든 자원을 총동원해 귀사에 집중하여 모델 매장 만들기를 하겠습니다. 그러니 상품의 가격과 물량을 당사에 집중해주십시오'라는 메시지를 전달한 거죠. 20년 이상 경력의 임원진이 이제 막 3년 차 팀장 대행인 저를 봤을 때 얼마나 귀여웠겠어요. 거듭해서 열정과 진심으로 다가가자 브랜드 임원진도 움직이기 시작했습니다.

선택과 집중을 통해 시스템을 만드니 저 혼자 한 개 층을 관리하면서도 연간 영업이익 23억 원 개선이라는 최대치의 성과를 낼 수 있었습니다. 제 연봉의 몇십 배를 회사의 이익으로 창출한 거죠. 저는 최고 평가를 받았고, 최연소 팀장이 되었습니다. 힘들고 어려울 때 고민하면서 읽었던 책이 직장 생활의 터닝포인트가 된 거예요. 책과 그리 친하지 않았었는데 새로운 눈을 뜨게 되니 일이 재미있어지더라고요. 수동적으로만 일하다가 그 누구도 알려주지 않은 것을 책을 통해 알게 되고 현장에 실제로 적용하면서 주도적으로 일하게 되었죠. 끌려다니면 힘들지만, 끌고 나가면 재미있습니다.

80/20 법칙은 온라인에도 그대로 적용할 수 있어요. 제가 오프라인 MD에서 온라인 MD로 업무 전환을 할 수 있었던 비결이죠. 유통회사 대부분이 그렇지만, 전 직장에서도 현장 근무를 굉장히 강조했습니다. 본사 매입 MD일 때도 주 1회씩 백화점, 아울렛 등 현장에서 직접 판매를 하며 고객의 소리를 경청하곤 했죠. 현장 근무를 하던 어느 날, 50대 주부 고객들이 지나가며 나누는 대화를 우연히 듣게 되었어요. "우리 딸한테 쇼핑하러 아울렛에 같이 가자고 했더니 글쎄, '엄마 누가 요새 매장에서 옷을 사. 인터넷이 더 싸고 편해'라고 하는 거 있지. 옷도 안 입어보고 어떻게 옷을 산다는 건지 모르겠어." 순간 저는 오프라인의 심각한 위기가 다가오고 있음을 직감했어요. 실제로도 오프라인에서 온라인으로 대이동하는 고객 니즈를 좇아 저도 온라인으로 전향해야겠

다고 결심했어요.

그런데 온라인 회사에서 오프라인 출신 MD를 그냥 뽑지는 않거든요. 저는 오프라인 경험과 지식을 어떻게 온라인에 적용할 수 있을지 고민하며 이직 준비를 했어요. 당시 네이버 스타일 윈도가 백화점, 아울렛과 연결되어 확장하던 시점이라 저는 오프라인 매장에서 네이버 스타일 윈도를 통해 어떻게 하면 온라인 매출을 활성화할 수 있을지 프로젝트를 했어요. 온라인 관점으로 오프라인을 계속 바라보려고 공부하며 노력한 거죠.

한 브랜드 매장에서 있었던 일인데, 온라인 주문 건으로 점주와 직원들이 온종일 포장 상자를 만들고 택배 발송을 하느라 매장에 집중을 못하고 있는 모습을 발견했습니다. 점주는 브랜드에 온라인 상품 전용 포장 상자가 있는데 온라인몰에서만 사용하고 오프라인 매장에는 제공하지 않다 보니 일일이 일반 상자를 잘라 온라인 배송에 최적화된 크기로 포장 상자를 만들어야 한다고 하소연하더라고요. 그래서 저는 브랜드 본사 관계자를 만나 해당 매장의 월 매출 1억 모델 매장 만들기를 할 테니 온라인 전용 상자를 지원해달라고 협상했어요. 낭비되는 리소스를 해결하니 3개월 만에 자연스레 그 매장은 온라인, 오프라인 매출 모두 신장하며 모델 매장이 되었고요.

또한 직원이 매장에서 직접 사진을 찍어 온라인에 상품을 업로드하면 퀄리티가 많이 떨어지는 문제도 해결했습니다. 브랜드 본사에 협조 요청을 해서 매장 내에 추가 아트월을 만들었고 온라인 상품 촬영을 하는 동시에 오프라인 디스플레이 공간으로 활용했어요. 그렇게 썸네일 퀄리티가 올라가서 매출 개선이 된 사례를 다른 매장에도 확산했고요. 또 오프라인에서는 판매자가 고객과 직접 대면하기 때문에 상품 설명을 디테일하게 해 줄 수 있지만, 온라인에서는 그럴 수 없잖아요. 대면 판매를 하는 것처럼 상세하면서도 핵심적인 셀링 포인트를 온라인 상세페이지에 담을 수 있도록 매장 직원들과 긴밀히 협업했습니다. 전과 후를 비교해 매출이 상승한 우수 사례는 여지없이 다른 매장에도 적용시켰죠. 이렇게 온라인 관점으로 오프라인을 개선하려고 노력했던 것들이 온라인 MD로 전향할 때 많은 도움이 되었습니다.

MD에게는 매출과 수익 창출이 최우선 과업이라 무엇보다 고객 경험을 향상하는 것이 중요해요. 고객이 우리 플랫폼을 방문했을 때 좋은 경험을 하도록 고객 관점에서 끊임없이 서비스를 개선해야겠죠. 내외부 협업을 통해 유관부서와 끊임없이 해결해나가야 하는 것이 핵심입니다.

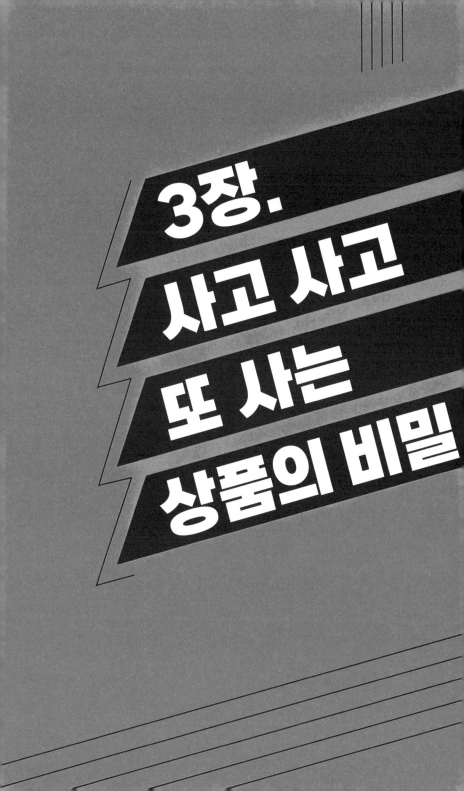

3장.
사고 사고
또 사는
상품의 비밀

산불을 일으키는
불씨 하나

매출 1등 협력사는 어떻게 만드는 걸까요? 성과 내는 MD가 되려면 폭발적으로 성장시킬 업체를 선별하고 집중하는 것이 정말 중요합니다. 여기서 핵심은 하나를 파야 된다는 거예요. '진짜 이 업체 하나만큼은 내가 성공시킨다' '내가 이 업체 하나로 끝을 본다'라는 생각으로 몰입해야 해요. 불씨 하나가 산불을 일으키듯 좋은 성공 사례 하나가 전체에 큰 영향을 미칠 수 있기 때문이죠.

앞서 살펴봤듯이 MD에게는 분석력, 설득력, 실행력 세 가지 다 중요하지만, 가장 중요한 것은 빠른 실행력이에요. 고객의 마음이 실시간으로 변하고 시장이 빠르게 요동치는데 분석에만 집중하다가 타이밍을 놓치면 아무 소용없잖아요. 우선 빠르고 다양하게 테스트를 하고 가능성이 보이는 쪽으로 집중하고 보완해 가는 전략이 필요해요.

전략적으로 집중할 업체를 선정한 후에는 업체와 계속 만나면서 상품 기획과 생산, 디자인, 물류, CS 등 전반적인 비즈니스 구조가 어떤지, 강·약점이 무엇인지 파악하는 게 중요해요. 동시에 업체의 관점으로 내가 몸담은 플랫폼에서 업체를 어떻게 성공시킬 수 있을지 간접 경영을 해보는 겁니다. 업체의 강점과 플랫폼의 강점이 시너지를 내도록 끊임없이 실행 또 실행하며 실패와 성공 경험을 쌓는 것도 필요합니다. 이 과정을 통해 MD는 한 단계 성장하게 되고 업체와의 끈끈한 신뢰가 생기는데 이때부터 성과를 내는 것은 시간문제예요.

주도적으로 기획하고 최선을 다해 실행했는데 실패한 것은 잘한 실패입니다. 제일 위험한 건 어쩌다 얻어걸린 성공이니까요. 좋은 결과가 나왔는데 그 원인을 모른다면 그것은 나의 지식이 아니기 때문이죠. 실패를 통해 스스로 피드백하며 개선책을 찾고 실제로 또 적용하는 과정을 반복할 때 실패할 수 없는 나만의 지식이 쌓이고 자기만의 노하우와 패턴이 생겨요.

하나의 성공 모델을 만들면 그다음부터는 훨씬 수월합니다. 성공 원리를 다른 업체로 이식하는 거죠. 복리의 마법처럼 처음에는 1개 업체를 성공시키고 같은 원리로 3개, 5개, 10개 이렇게 확산해가는 거죠. 처음에는 오래 걸리는데 여러 번 반복하다 보면 패턴화가 되기 때문에 훨씬 속도는 빨라져요. 또 업체마다 컨디션이 동일한 경우는 없으니까 케이스별로 다양한 경험을 쌓으면 이 업체는 A 케이스, 저 업체는 B 케이스, 그 업체는 C 케이스로 맞춤형 솔루션을 제시할 수 있게 됩니다.

매출 1등을 만든 비결

하위권에서 출발했지만 저와 함께 2년 만에 매출 1등을 만들어낸 협력사가 있습니다. 제가 서두에 빠른 실행력이 가장 중요하다고 했는데 더 중요한 것이 있어요. 바로 실행하는 사람입니다. 사람을 움직이게 하는 힘, 동기부여가 매출 1등을 만드는 비결의 핵심이라 할 수 있죠. 커머스는 사람과 사람이 만나는 종합예술의 장이기 때문에 어떤 사람이 어떤 마음을 갖고 움직이느냐가 결국 성과로 이어지게 되어있거든요.

회사를 다니는 동안 육아휴직을 한 적이 있는데 복직하니 저보다 늦게 입사한 젊은 MD들의 업체가 전부 매출 상위권을 차지하고 있더라고요. 입지가 좁아진 저는 하위권의 업체들을 배정받았고 선임 MD로서 부끄럽지 않게 뭔가를 보여줘야 하는 상황이었죠. 회사에서는 여성 패션의 시장 점유율 확대를 중요하게 생각하고 있었고요.

저는 우선 데이터부터 분석했습니다. 가장 효율적으로 성과를 극대화하는 방법을 찾는 첫 번째 단추니까요. 보통 여성복 시장은 원피스 매출이 상위권이고 시장 사이즈도 큰데 당시 제가 있던 플랫폼에서는 여성 바지 매출이 상위권이고 원피스는 상대적으로 약한 상황이었어요. 뒤집어보면 원피스의 성장 가능성이 그만큼 크다는 뜻이었고 사계절 내내 여성복 검색 키워드 상위권에 원피스가 빠지지 않고 검색량이 증가하고 있다는 데이터를 통해 확신했죠. 올해에는 원피스에만 올인하면 되겠구나!

원피스라는 하나의 카테고리를 정했으니 원피스 매출을 리딩하며 빠르게 치고 나갈 수 있는 하나의 업체를 발굴해야 했습니다. 불현듯 육아휴직 전에 유일하게 제게 복직하거나 이직하더라도 꼭 연락을 달라고 했던 업체 A가 떠올랐어요. A 대표에게 바로 연락했더니 너무나 반가워하는 동시에 그동안의 고충을 한참 동안 털어놓더라고요.

A는 제가 담당했을 때 입점 후 반년 만에 월 매출 1억을 바라보며 상승세를 타고 있던 업체였습니다. 제 휴직 때 담당 MD가 바뀌면서 아무리 노력해도 소통이 잘 안 되어 반년 만에 다시 매출이 바닥으로 떨어진 상황. 그래서 절망 가운데 타 채널들로 방향을 틀었고 채널별로 인원까지 다 세팅해 놓은 타이밍에 제 연락을 받게 된 것이었습니다. A 대표는 업력이 그리 오래되지 않았지만, 눈빛에서 절박함과 간절함이 남다른 분이었습니다.

"대표님, 저는 십여 년간 MD를 해왔는데 과연 제 능력의 끝이 어디인지 한 번 확인해보고 싶어요. A는 지금 아무도 안 알아주는 브랜드이고 매출도 하위권이지만, 제가 모든 것을 쏟아부어서 1등으로 만들려고 합니다. 절대 쉽지 않겠지만, 저와 함께 도전해 보시겠어요? 리스크 햇징을 위해 타 채널에서 판매하시는 것도 중요한데요, 성과가 크게 나오려면 리스크도 감수해야 하잖아요. 저를 한번 믿어주시고 저희 채널에만 올인해주세요!

제 모든 걸 걸고 도와드릴게요!"

저 역시 그동안의 공백으로 좁아진 입지를 회복하기 위해 총력을 기울여야 했던 상황이었습니다. 저의 진정성이 통했는지 A 대표도 비장하게 같은 목표를 향해 달려가겠다는 각오를 다졌어요. 감사하게도 A 대표는 저를 믿고 리스크를 감수하겠다며 타 채널 전환을 포기하고 올인했습니다.

파레토와 롱테일 전략

성과를 내기 위한 전략으로 크게 파레토와 롱테일이 있습니다. 파레토는 상위 20%가 전체 성과의 80%를 차지한다는 것이고, 롱테일은 하위 80%의 성과를 합하면 상위 20%의 합보다 크다는 것이잖아요. 파레토와 롱테일 중에 여성복은 어디에 더 가까울까요? 섬세한 감성을 지닌 여성 고객은 취향도 천차만별인데 선택이 폭이 넓어질수록 롱테일의 성향을 보이는 게 당연하겠죠?

온라인 세계에서 여성복은 롱테일이 더욱 가속화되고 있습니다. 여성복은 가장 까다로운 고객을 만족시켜야 하기에 업체들의 경쟁도 가장 치열한 시장이라서 끊임없이 새로운 상품을 보여줘야 해요. 그래서 여성복 브랜드가 다품종 소량 생산을 하는 거고요. 어떤 상품이 터질지 모르니 일단 다양하게 쫙 보여주고 거기에서 터지는 상품에 집중하는 겁니다. 그렇게 터지는 상품이 생기면 그때는 순간적으로 롱테일에서 파레토로 옮겨가는 거죠.

A 대표와 원피스 셀렉션 확대를 위한 회의를 반복하다 마침내 4가지 콘셉트의 원피스 브랜드를 동시에 론칭하여 다양한 연령대의 타깃 고객을 확보하는 전략을 세웠습니다. 20~40대를 위한 오피스·하객룩, 40~50대를 위한 하이퀄리티 명품룩, 30~40대를 위한 저가 이지·데일리룩, 20~30대를 위한 섹시·파티룩을 각각 콘셉트로 브랜드 4개를 만들고 속도를 내기 위해 국내외 바잉을 통해 다양한 셀렉션을 확보했죠.

저는 유사 상품의 빅데이터 분석을 통해 적중률 높은 상품을 소싱할 수 있도록 A 대표에게 수시로 디자인, 사이즈, 컬러, 가격 등의 가이드라인과 피드백을 건넸습니다. 동시에 모든 마케팅 구좌에서 최우선적으로 A가 노출되도록 리더와 유관부서를 설득했고요. A 대표는 해외에 바잉팀까지 꾸려 밤낮없이 일하며 최선을 다해 팔로업했습니다. 주마다 적게는 수십, 많게는 수백 스타일의 원피스를 등록하며 미친 듯이 셀렉션을 확장해 갔어요.

저는 신상품의 데이터를 체크하며 매출 반응이 좋은 상품들은 빠르게 A와 소통해서 재고를 확보하는 동시에 효율이 높은 구좌에 노출하여 선순환이 이루어지도록 세팅했습니다. 또한, 마케팅 테마에 맞게 4개 브랜드의 우선순위를 조율하며 매출 최적화가 될 수 있도록 했죠. 한 시즌이 끝나면 디자인별, 컬러·사이즈별 매출 데이터 분석을 통해 디자인별 적정 셀렉션 수, 적정 가격과 적정 물량 등을 다음 시즌에 적용할 수 있도록 인사이트 리포트를 제공해주기도 하면서요. 이렇게 사계절을 한 바퀴 돌며 데이터가 쌓이면 다음 해에는 직접 생산도 가능해지므로 당시에는 최대한 많은 데이터를 축적하는 것에 집중했습니다.

거짓말같이 2년 만에 A는 매출 1등을 달성했어요. 단순히 1등이 된 것뿐만 아니라 2위와의 격차를 2배 이상으로 벌려서 압도적인 1등이 되었다는 사실! A 대표는 2년 만에 건물주가 되었고 저는 압도적인 퍼포먼스로 '올해의 최우수사원' 타이틀을 획득했습니다. 상품을 확보하기 이전에 사람을 먼저 확보하는 것, 이

것이 사람과 사람이 만나는 커머스라는 종합예술의 핵심임을 다시 한 번 확신하게 된 경험이었습니다.

유행을 따라야 하나, 만들어야 하나?
메가셀러의 법칙

파리나 뉴욕에서 열리는 패션쇼를 보면 어떤 생각이 드나요? 보통은 저런 옷을 당장 입고 싶다는 생각보다는 과연 저런 옷을 누가 입을까 의문이 들 거예요. 최근 내로라하는 명품 브랜드의 쇼를 보면, 기존에 하의가 실종된 듯한 패션을 넘어 실제 하의를 입지 않고 팬티만 입는 진정한 하의실종룩을 선보이더라고요. 아주 많이 앞서가면 보기에 색다를 수는 있으나 친숙하지 않기 때문에 실제 옷을 입는 대중에게 외면받기 십상이죠. 그렇다고 친숙하기만 하면 식상하기 때문에 새로운 유행을 창출할 수 없고요.

메가셀러 상품은 과연 어떻게 만들어질까요? MD로서 상품을 발굴할 때면 늘 친숙함과 색다름 사이의 딜레마에 빠지곤 합니다. 짜장이냐 짬뽕이냐, 후라이드냐 양념이냐를 이야기하는 희대의 난제만큼이나 어려운 MD의 고민, 어떻게 하면 좋을까요? 저는 실마리를 책에서 찾았습니다. 빅데이터 전문가 앨런 가넷의 책《생각이 돈이 되는 순간》을 보면, 친숙함과 색다름 사이의 균형을 유지하는 것이 답이라고 말합니다. 이 둘 사이의 균형이 깨지면 친숙함에 치우쳐 진부해지거나 색다름에 치우쳐 거부감을 불러일으키니까요.

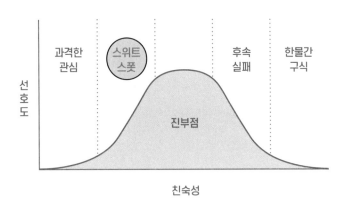

앨런 가넷은 수년간 베스트셀러 작가부터 유명 셰프, 히트 싱어송라이터, 최고 인기 유튜버에 이르기까지 다양한 이들을 분석해 메가셀러를 만드는 성공 패턴을 찾아냈어요. 이것을 그는

'크리에이티브 커브Creative Curve'라고 부르는데, 특히 친숙함과 색다름의 이상적인 배합을 통해 크리에이티브 커브의 '스위트 스팟'에 도달할 때 베스트셀러를 넘어 메가셀러를 만들 수 있다는 것을 밝혀냈습니다.

저는 이 책을 읽고 대표적인 예가 떠올랐습니다. 뉴트로가 생각났거든요. 뉴트로는 새로움(New)과 복고(Retro)가 합쳐진 신조어인데 과거의 친숙한 것을 현대적으로 재해석해 색다른 가치를 창출하는 것이잖아요. 뉴트로로 다시 힘을 얻은 브랜드가 바로 휠라입니다. 올드한 브랜드로 인식됐던 휠라는 리브랜딩을 통해 뉴트로를 대표하는 힙한 브랜드로 재탄생했죠. 휠라는 전세계의 다양한 브랜드들과 협업하면서 이미지 변신을 꾀했고 '코트디럭스'를 출시했습니다. 코트디럭스는 복고풍 흰색 테니스화 형태에 요즘 유행하는 어글리 슈즈의 현대적인 감성을 더하면서 단번에 MZ세대의 마음을 사로잡았고 베스트셀러가 되었습니다.

최근 농심의 '먹태깡'과 엽떡의 '마라떡볶이'의 품절 대란도 크리에이티브 커브의 스위트 스팟에 도달한 좋은 사례로 보입니다. 여름철에 시원한 맥주와 함께 청양고추와 마요네즈를 섞은 소스에 찍어 먹는 먹태는 그야말로 국민 안주라 할 수 있죠. 이 익숙한 맛을 과자로 새롭게 구현해낸 먹태깡은 스위트 스폿을 제대로 건드렸다고 볼 수 있겠습니다. MZ세대에게 꾸준히 사랑을 받아온 엽떡 역시 마라 열풍에 힘입어 마라떡볶이를 내놓는데 일주일 만에 재료 소진으로 품절되는 사태가 발생했죠. 친숙한 국민 간식 떡볶이에 유행하는 마라 한 스푼을 넣어 색다른 요리로 승화시킨 엽떡에게 박수를 보내게 됩니다. 친숙함과 색다름이 교차하는 지점에서 폭발적인 반응을 얻어낸 뉴트로의 성공 사례는 앞으로도 계속 탄생할 거예요.

베스트셀러를 넘어 메가셀러를 만들려면 어떻게 해야 할까요? 첫 번째 단계로 관심 분야에서의 체험과 경험이 꼭 필요합니다. 자신이 관심 있는 분야의 상품을 직접 사용해보며 지속적으로 학습하는 거죠. 상품의 트렌드가 어떻게 변하는지, 시즌 상품은 시기별로 어떻게 마케팅을 하는지 등을 유심히 들여다보는 거예요. 거기에 고객 관점에서 발견한 상품의 문제점을 제조사 관점에서 어떻게 해결하면 좋을지, 내가 MD라면 어떤 상품을 소싱할지 아이디어를 정리해 놓은 것도 큰 도움이 됩니다. 직접 상품 판매나 리뷰를 해보면서 분석하면 더할 나위 없겠죠?

저는 아동, 캐주얼, 남성 등 여러 패션 카테고리를 경험했습니다. 그중에서도 여성 패션을 담당했을 때가 있었는데요. 상품을 직접 경험할 수 없는 남성이다보니 주변 지인들을 관찰하는 방법을 택했습니다. 처제와 여동생이 모두 20대라서 착용한 옷, 구매 사이트, 쇼핑 경험, 애용하는 플랫폼의 개선할 점 등을 수시로 물어보면서 정보를 얻었죠. 가장 좋은 고객인 아내와는 같이 시장 조사를 다니면서 여성복 브랜드와 상품에 대한 생각을 나누기도 했어요. SNS를 통해 유명 연예인이나 인플루언서의 패션을 유심히 살펴보는 것도 큰 도움이 됐고요.

이렇게 관심 분야에서의 체험과 경험이 쌓이면 친숙한 것과 색다른 것에 대한 감이 잡히기에 해당 분야의 트렌드를 파악하기 쉬워집니다. 이제 다음 단계로 넘어가보겠습니다. 경험과 체험을 쌓았으면 이제 벤치마킹을 해야죠. "모방은 창조의 어머니" "유능한 예술가는 모방하고 위대한 예술가는 훔친다"라는 말이 있듯이 관심 분야에서 잘 된 것을 많이 보고 경험해봤다면 이제는 나의 생각과 관점을 더해 새로운 것으로 재창조하는 것이 중요합니다.

현재 유통업계는 표절, 짝퉁 등 지적 재산권 침해 문제로 몸

살을 잃고 있습니다. 벤치마킹과 표절을 혼동하기 때문인데요. 국어사전에서 정의하는 벤치마킹은 '경쟁업체의 경영 방식을 면밀히 분석하여 경쟁업체를 따라잡음. 또는 그런 전략'입니다. 그에 반해 표절은 다른 사람의 저작물의 일부 또는 전부를 몰래 따라 쓰는 행위를 뜻하죠. 음악계에서는 유희열 사태, 영상계에서는 노아AI 사태 등이 던진 메시지를 엄중히 받아들이면서 단순히 모방이 아닌 재창조를 위해 벤치마킹의 본질에 충실한 노력을 기울이는 게 중요합니다.

플랫폼별로 관심 분야의 탑 아이템을 검색해 비교 분석해보는 것부터 시작할 수 있어요. 베스트셀러의 셀링 포인트가 무엇인지 상세페이지를 통해 확인할 수 있고, 품질에 따른 고객 평가는 리뷰를 통해 파악할 수 있습니다. 썸네일 이미지는 어떻게 만드는 게 좋은지, 가격대와 소재, 상품명은 어떤지 등등 비교 분석하는 과정을 거치면 반복해서 나타나는 공통적인 패턴을 발견할 수 있어요. 이것이 우리가 적용해서 재창조해야 할 성공 원리입니다.

관심 분야에서 충분히 경험도 했고 벤치마킹을 통해 성공 원리도 찾아냈다면 마지막 단계로 피드백이 반드시 필요합니다.

끊임없이 소비자의 반응을 살피며 리뷰와 반품 사유 등을 분석하고 품질 개선에 반영하는 거죠. 세계에서 유일하게 아이스크림 묘지를 가진 회사를 알고 있나요? 벤앤제리스는 아이스크림 메뉴 개발을 위해 먼저 아이디어 200개를 놓고 연구진이 실제로 아이스크림을 먹어보며 최종 15개 메뉴를 추려낸다고 해요. 그다음 고객의 시식을 통해 끊임없이 피드백 받는데 이때 고객에게 외면당한 메뉴는 아이스크림 묘지에 묻히게 되는 거죠. 이 피드백의 과정을 통해 친숙하면서도 색다른 벤앤제리스의 매력적인 아이스크림이 완성된다고 해요.

고객에 대한 철저한 집착으로 세계적인 선도 기업이 된 아마존처럼 아이스크림 제조에도 고객 데이터 확보를 위해 처절한 노력을 기울인다는 사실에 저는 놀랐습니다. '골라 먹는 재미'라는 콘셉트로 31가지 아이스크림을 선보여 꾸준한 사랑을 받고 있는 베스킨라빈스도 스위트 스폿의 관점으로 보니 새롭더라고요. 이 정도면 아이스크림이 이제는 예술 작품으로 보인다고 해야 할까요.

저도 기네스 매출을 세운 베스트 상품을 여러 개 만든 경험이 있는데요. 그중 상품 하나의 하루 매출이 해당 브랜드의 월 매출보다 더 많이 나왔던 사례가 지금도 잊히질 않네요. 기네스 매출은 기네스북처럼 매출 달성 금액이 역대급으로 가장 높은 수치를 기록했을 때를 말하는 일종의 업계 용어입니다. 예를 들어 그동안 A라는 브랜드의 연 최고 매출이 10억이었는데 제가 관리하면서 연 30억을 달성했으면 30억이 기네스 매출이 되는 식인 거죠.

다시 본론으로 돌아와서, 패션은 6개월 전에 상품 개발이 이미 끝나기 때문에 당시 저는 해당 브랜드와 6개월 전부터 미팅을 하고 있던 참이었습니다. 당연히 미팅에 앞서 당시 제가 담당했던 여성복의 빅데이터를 분석했고요. 카테고리별 검색량이 높은 검색어, 탑 아이템들의 스펙, 경쟁 브랜드의 판매 데이터 등을 자세히 들여다봤더니 원피스가 메인 아이템으로 떠올랐습니다.

메인 아이템을 떠올리고 그 다음 순서로 기존의 원피스 탑 아이템과 경쟁사 판매 데이터를 기반으로 벤치마킹 아이템을 몇 가지 선정해서 브랜드와 함께 소재, 디자인, 컬러, 사이즈 등의 스펙을 면밀히 분석했습니다. 그 결과 30~40대 주부 고객을 타깃으로 3만 원대 폴리에스터 소재, 디자인은 플레어, 색상은 블

랙을 메인으로 스카이블루, 베이지 세 가지로 구성하고 사이즈는 여유 있는 프리사이즈로 방향을 정했습니다. 또한, 신상품을 출시하는 시점에는 캉캉 원피스의 유행이 예상되어 기존 플레어 스타일에 캉캉 디자인을 추가한 원피스로 결정했습니다. 익숙함에 새로움을 한 방울 더해 스위트 스폿을 건드리기로 한 거죠.

샘플이 나오고 30~40대 직원들과 주변 지인들에게 시착을 부탁했습니다. 피드백을 받아 수정하고 보완할 부분을 도출해냈고요. 그 결과 애매했던 기장을 완전히 길게 늘려 확실한 롱 원피스로 디자인을 수정했고, 소매 부분을 동그란 퍼프 소매로 바꿔 체형을 보완할 수 있는 형태로 진행하자고 의견을 모았습니다. 그 후에도 계속 피드백을 반복하여 마침내 제품이 완성되었고 저는 상품 노출 일정으로부터 두 달 전에 마케팅팀과 협의를 시작해 해당 상품을 선보일 메인 구좌를 확보했습니다. 확정된 노출일 전까지도 계속 고객 리뷰로 반응을 살피며 셀링 포인트, 사이즈 차트 등을 보완하는 피드백 과정을 거듭했죠. 드디어 노출 당일, 결과는 어땠을까요? 브랜드에서 준비한 예비 물량까지 동날 정도로 완판하며 역대급 일 매출 기네스를 달성할 수 있었습니다. 회사 내에서는 저의 성공 사례가 다른 카테고리까지 확산될 정도로 큰 반향을 일으켰지요.

베스트셀러를 만들기 위한 스위트 스폿과 관심 분야 체험, 벤치마킹, 피드백으로 이어지는 3단계를 알아봤습니다. 이 3단계 룰을 가지고 여러분의 레퍼런스에 추가할 베스트셀러를 만드시기 바랍니다. 물론 제가 성공 사례만 소개했기 때문에 베스트셀러 만들기가 쉽게 느껴질 수도 있겠지만, 사실 수도 없는 실패와 반복적인 노력의 결과라는 것을 말씀드리고 싶어요. 베스트셀러는 어느 날 천재의 손에서 뜬금없이 탄생하는 것이 아니라 성공할 때까지 포기하지 않는 '노력의 천재'의 손에서 탄생한다는 것을 기억하길 바랍니다. 노력의 천재는 누구나 노력만 하면 될 수 있으니까요.

요즘 뭐가 뜨고 있을까?
분야별로 알아보기

사람이 살아가는 데 기본적으로 세 가지 요소가 필요하죠. 의식주라 부르는 옷과 음식, 집입니다. 그중에서도 옷이 가장 먼저 언급되는 이유는 인간만이 누리는 고유 영역이기 때문이 아닐까 생각합니다. 옷에는 체온을 유지하고 피부를 보호하는 기능적 측면과 신분이나 개성, 예의를 나타내는 표현적 측면이 공존해요. 현대 사회에서 옷은 문화적 이유로 소비되는 상품의 성격을 지니는데 많은 이들이 자신의 개성을 표현하기 위해 패션 상품으로써 옷을 사잖아요. 요즘엔 온라인 커머스의 발전으로 '무신사 냄새'라는 신조어가 등장할 정도로 너도나도 유행만 좇다 보니 개성이 획일화되는 현상도 나타나지만요.

유행은 돌고 도는데 패션에는 20년의 유행 주기가 있다는 패션 평행이론이 있어요. 최근 1990~2000년대에 유행했던 벨벳 트레이닝 세트, 크롭탑, 로우라이즈 팬츠 등 세기말 감성의 패션이 다시 유행하는 것만 봐도 알 수 있죠. 파리에서 열리는 패션쇼를 보면 온갖 희한한 디자인의 옷들이 계속 생산되고 있지만, 하늘 아래 새로운 것이 없다는 말처럼 사실 대중적인 옷에서 완벽히 새로운 것을 찾기란 불가능하잖아요. 팔 두 개, 다리 두 개인 사람의 신체 구조가 변하지 않는 이상 활동성을 고려할 때 디자인의 한계가 있을 수밖에 없으니까요.

20년 전 패션이 이전 세대에게는 '나도 한 땐 잘 나갔었지'라는 향수를 불러일으키는 동시에 이를 처음 접해보는 젊은 세대에게는 신선함으로 다가오기에 유행이 돌고 도는 것 같아요. 한국인만큼 유행에 민감한 민족이 또 있을까요? 유행은 돌고 돈다지만, MD는 어떤 유행이 언제 돌아오는지, 왜 유행을 하는지 흐름을 알고 상품 적중률을 높이는 것이 중요합니다. 요즘 뜨는 옷에는 어떤 특징이 있는지 알아볼까요.

네이버 데이터랩 검색어 트렌드를 살펴보면, 지난 5월 초부터 2달 만에 검색량이 100배 이상 뛴 검색어가 있어요. 바로 '올드머니룩'입니다. 올드머니는 졸부가 아닌 전통적인 부자를 지칭하는 단어로 고상하고 기품 있는 이미지를 추구하는 옷을 올드머니룩이라고 해요. 올드머니룩의 유행은 미국과 유럽에서 시작해 최근 한국 젊은 층에 확산되고 있어요. 로고는 최소화하고 단정하면서도 은근한 고급스러움을 담아내는 것이 특징인데요. 부유층이 즐기는 승마, 요트 패션이나 미국 명문 사립학교 교복에서 착안한 프레피룩도 올드머니룩에 포함됩니다. 올드머니룩이 메가트렌드로 급부상한 이유는 무엇일까요?

전문가들은 부의 양극화를 원인으로 꼽는데요. 코로나를 겪으며 부동산이나 주식 등으로 벼락부자가 많아졌고 상대적으로 '벼락거지'가 된 젊은 층들이 이에 반감을 갖고 진짜 부자를 선망의 대상으로 삼기 시작한 거라는 해석입니다. 세계적인 경제 위기 속에서 초라한 자신을 있어 보이게 만들고 싶은 고객 니즈가 올드머니룩의 유행을 탄생시킨 거죠. 흥미로우면서 한편으론 씁쓸해지는 현상이네요. 이처럼 유행은 단순하게 어떤 순번이 있어 돌고 도는 것이 아니라 사회적 현상과 그에 따른 심리적 요인에 기인한다는 것을 캐치해야 해요.

앞으로는 어떤 패션이 유행할까요? 우선 사회적 현상으로 접근해보면 팬데믹 기간에는 집콕, 재택이 늘며 원마일웨어 같이 편한 옷이 대세였지만, 엔데믹 이후에는 다시 정장과 같이 갖춰 입는 옷의 수요가 늘어날 거예요. 대면 활동과 격식 있는 모임이 많아지고 있으니까요. 하지만 인간은 적응의 동물이라고 했던 가요. 이미 편안함에 젖어 있었기에 겉으로는 갖춘 듯한 스타일을 지향하는 동시에 안으로는 캐주얼한 느낌의 소재와 핏을 추구하지 않을까 싶어요. 원마일웨어도 기존의 마구 편안한 스타일에서 실용성은 가져가되 좀 더 디테일한 디자인이 가미된 형태로 진화할 것 같고요.

또 심리적으로 접근해보면 팬데믹 속에서 죽음의 공포를 느끼며 개개인이 건강에 관한 관심이 높아졌잖아요. 아웃도어, 피트니스와 같이 건강한 신체 활동을 위한 패션 시장도 확대될 거로 생각해요. 웰빙(well-being)과 행복(happiness), 건강(fitness)의 합성어 '웰니스(wellness)'는 2000년대 이후 웰빙 트렌드가 사회적으로 확산되면서 등장한 개념인데요. 신체적, 정신적, 사회적으로 종합적인 건강을 지향하는 웰니스의 영향으로 자연스레 지구의 건강, 즉 기후 변화와 같은 환경 문제에도 많은 관심을 쏟고 있잖아요. 그래서 식물성 원료, 재활용 소재, 친환경 코팅 등 지속가능성을 위한 노력이 특히 아웃도어와 피트니스 패션에 더욱 집중되지 않을까 싶습니다. 아무래도 자연에서 이루어지는 신체 활동이 많고, 보온과 땀 배출 등 피부와 긴밀히 접촉해야 하므로 친환경의 건강한 소재를 사용하는 것이 중요하니까요.

의식주 중에 옷을 살펴봤으니 다음으로 음식 이야기를 해볼게요. 뭐니 뭐니해도 웰니스의 핵심인 음식에도 많은 변화가 일어나고 있습니다. 윤리와 환경, 건강에 관한 관심이 높아지면서 육류 소비에 대한 반감으로 비건 시장이 빠르게 성장하고 있어요. 최근 호텔스닷컴이 공개한 '룸서비스 보고서'에 따르면 비건·채식 음식 주문이 전 세계적으로 75% 증가했다고 해요. 국내 호텔에서도 그린 룸서비스 옵션이 대세인데 앞으로 콩류, 해조류, 버섯류 등 식물성 식품과 캔자스에서 개발된 곡물 케른자 kernza와 같이 기후 친화적인 작물, 천연 감미료 등 건강한 음식에 관한 관심과 수요가 계속 증가할 것으로 예상됩니다.

팬데믹이 가져온 또 다른 큰 변화가 있지요. 바로 배달 음식입니다. 배달의민족, 요기요, 쿠팡이츠와 같은 배달 앱이 폭발적으로 성장하면서 유명 맛집의 음식도 줄 서지 않고 집에서 편하게 시켜 먹을 수 있는 세상이 되었습니다. 저는 예전에 배달 음식의 터줏대감이라 할 수 있는 자장면, 치킨, 피자와 같은 메뉴

를 주로 시켰지만, 요즘에는 샐러드, 타코 등 채소를 챙겨 먹을
수 있는 메뉴를 주문하는 경우가 늘었어요. 얼마 전에는 샐러드
정기 구독 서비스를 이용해 매일 바뀌는 다양한 샐러드를 먹고
있습니다. 고기 없이 못 사는 저도 웰니스의 영향으로 이렇게 식
습관이 바뀌고 있다는 게 신기하네요. 배달 음식 시장에서도 비
건 열풍으로 비건·채식 음식이 새로운 강자로 자리 잡게 되지
않을까 생각합니다.

개인이 가장 쉽게 접근할 수 있으면서도 가장 성공하기 어려
운 것이 음식 장사라고 하죠. 뭐 하나 잘된다고 하면 우후죽순으
로 똑같은 가게들이 생겨날 정도로 옷만큼이나 음식도 유행에
민감하잖아요. 요즘은 초등학생들의 인기 간식으로 떡볶이 대
신 탕후루가 대세라고 하는데 탕후루의 인기가 과연 얼마나 지
속될 수 있을까요? 음식 장사는 제일 마지막에 하는 것이라는
말이 있지만, 만일 제가 음식 장사를 한다면 유행에 민감하지 않
은 기본 요리에 승부를 걸 것 같아요. 떡볶이, 설렁탕과 같은 메
뉴는 너무나 뻔한 메뉴지만, 뻔하지 않은 가게는 살아남고 꾸준
히 국민의 사랑을 받고 있잖아요.

음식의 본질은 정성과 인심입니다. TV 프로그램에 출연한

어느 떡볶이 달인은 오로지 떡볶이를 만들기 위해 도서관에서 공부하고 전국 맛집을 탐방하며 온갖 귀한 약재와 비싼 재료를 아낌없이 오랜 시간 정성스레 준비하더라고요. 마치 거장의 예술 작품을 보는 기분이었어요. 그런가 하면 서울의 어느 유명한 설렁탕집은 특별히 맛이 뛰어난 것은 아닌데 매번 줄을 서야 할 정도로 인기가 높아요. 설렁탕에 넣는 국수사리가 무제한이기 때문인데요. 사실 국수사리의 원가가 얼마나 하겠습니까. 저렴한 국수사리에 푸짐한 인심을 담아 고객을 감동하게 만든 거죠. 업주의 지혜에 큰 박수를 보내고 싶습니다. 트렌드에 민감하게 반응하는 것도 필요하지만, 본질과 기본에 충실한 음식으로 고객을 감동하게 만드는 것이 무엇보다 우선이라는 걸 이럴 때 깨닫습니다.

의식주 중 마지막으로 가장 사람들이 예민한 집과 관련해서는 어떤 트렌드가 있을까요? 힌트는 주거 형태 중 우리나라에서 가장 선호하는 아파트에 있습니다. 최근 들어 호수를 품은 아파트를 뜻하는 '호품아', 공원과 인접한 아파트 단지를 뜻하는 '공세권'의 선호도가 상승하고 있습니다. 건강한 삶의 질을 중시하는 가치관이 확산되며 쾌적성을 주거 선택의 가장 중요한 요소로 꼽는 이들이 많아졌기 때문이죠.

여기에는 '펫휴머니제이션'의 영향도 무시할 수 없습니다. 펫휴머니제이션이란 반려동물을 뜻하는 펫과 인간화를 뜻하는 휴머니제이션이 합쳐진 신조어로 반려동물을 가족의 일원으로 인식하고 사람처럼 여기는 현상을 의미해요. 지인 중에서도 반려동물을 키우기 좋은 환경으로 이사까지 고려하는 경우를 봤기에 결코 작게 볼 수 없겠다고 생각합니다. 1인 가구나 황혼 가구, 자녀가 없는 딩크족 사이에서 반려동물을 키우는 이들이 늘어나면서 현재 반려동물 가구 552만 시대가 열렸고 펫코노미 시장도 계속해서 성행할 것으로 전망되는데요. 기업들도 앞다퉈 반려동물과 관련된 옷, 음식, 주거 상품들을 출시하며 공격적인 투자를 감행하고 있습니다.

국내 최초로 반려동물 장례회사를 설립한 창업자 말이, 자신은 오래 전부터 자리잡혀 있던 일본의 반려동물 장례 문화를 보고 충격을 받아 창업을 했다고 합니다. 그는 바로 국내에 반려동물 장례 시장을 개척해 온갖 고생 끝에 지금의 큰 기업을 일구었지만, 지금도 본인이 밤낮없이 고객의 전화를 직접 받고 발로 뛴다고 해요. 장례는 타이밍이 중요한데 의뢰인이 반려동물을 잃은 슬픔에 잠겨있을 때 정성을 다해 장례 상담을 해야 매출을 극대화할 수 있다는 거죠. 그래서 그는 밤이든 새벽이든 고객 전화가 오면 아무리 거리가 멀어도 바로 달려간다고 하더라고요. 펫휴머니제이션은 앞으로도 계속될 테니 반려동물 장례 업체 대표는 더 바빠질 듯합니다.

코로나19로 재택근무 확산에 따른 '집콕족'이 늘면서 집 꾸미기와 리모델링 등 인테리어 열풍이 불었는데요. 그래서인지 올해에는 편안하고 즐거운 느낌을 주는 인테리어가 대세였습니다. 지난 팬데믹 기간을 보상받고자 하는 심리가 작용한 것으로 보입니다. 특히 소박한 미니멀 라이프와 럭셔리 맥시멀 라이프, 두 스타일의 양극화가 더욱 심화되지 않을까 예상합니다. 미니멀한 스타일을 추구하는 사람들 사이에서는 스칸디나비안과 일본 스타일의 장점을 결합한 '재팬디Japandi' 인테리어도 주목할 만합니다. 반면에 맥시멀한 스타일을 추구하는 이들 사이에는 집 안에 고급스러운 호텔을 구현하기 위해 욕실을 홈 스파처럼 꾸미는 등 호화로운 느낌이 당분간 계속 유행할 거예요. 요즘 부촌이라 불리는 지역의 신축 아파트에는 해외 럭셔리 브랜드의 가구가 옵션으로 들어가는 트렌드가 퍼지고 있다고 하죠.

웰니스의 전방위적인 영향력을 고려할 때 건강한 인테리어도 지속적인 트렌드가 될 것 같은데요. 이미 유행하는 친환경 벽

지와 페인트뿐만 아니라 자연 그대로의 소재와 질감이 살아있는 인테리어도 점차 자리를 잡아갈 것 같습니다. 울, 캐시미어, 가죽, 목재 등 천연 소재의 질감을 활용하여 고급스러운 분위기를 연출하는 인테리어를 더 많은 곳에서 보게 되지 않을까 생각합니다.

극히 일부분만 다루긴 했지만, 전반적으로 의식주에 어떤 흐름이 있는지 감이 오나요? 그 외에도 여행, 엔터테인먼트, 게임, 뷰티 등 다양한 분야에서 새로운 트렌드가 생겨나고 또 지고 있습니다. 흐름에 맞는 아이템을 적시에 소싱하는 MD가 되려면 계속해서 다양한 분야에 관심을 두는 것은 물론 직접 소비자로서 다양한 체험을 해보면 좋습니다. 그게 곧 공부니까요.

TOP 매출 빌드업 ③
시간관리 노하우

MD는 '모두M 다D 한다' '뭐든지M 다D 한다'의 약자라는 우스 갯소리가 있다는 것 기억나죠? 사실은 우스갯소리가 아니라 MD는 하고자 하면 한도 끝도 없이 일하는 게 가능합니다. 그래서 처음 MD를 하다 보면 막막할 수 있습니다. 어디서부터 어디까지, 언제까지 해야 할지 모르는 업무의 망망대해에 빠져 허우적거릴 게 분명하거든요.

그래서 MD에게는 시간 관리 비법이 필요합니다. 저도 처음에는 하루에 13~14시간씩 일하면서도 줄어들지 않는 업무에 혀를 내둘렀던 시절이 있었는데요. 일만 하다 죽기에는 너무나 억울한 청춘이라는 생각에 어떻게 하면 시간 관리를 잘할 수 있을지 진짜 많이 고민했습니다. 책을 통해 알게 된 두 가지 시간 관리 법칙을 체득하게 되면서 칼퇴근이 가능해졌고 마침내 저녁이 있는 삶을 살게 되었어요.

몇 년 전에 후배한테 갑자기 전화가 왔습니다. 다짜고짜 "눈덩이처럼 불어나는 업무 때문에 질식해 버릴 것 같아요"라면서 만나자는 거예요. 후배는 한 스타트업에 통역사로 입사했는데 해외 사업부 MD들이 줄줄이 퇴사하면서 몇 달 전부터 머리털 나고 처음으로 MD 업무를 맡게 되었다고 하더라고요. 회사 대표가 언어도 안 되는 MD를 새로 뽑아 현지 문화를 가르쳐가며 키우느니 차라리 현지 문화도 알고 언어도 되는 후배를 MD로 키우는 게 낫겠다고 했다나 뭐라나.

처음 해보는 일이라 재미있을 것 같아 MD를 시작한 후배가 지난 몇 달간 맨땅에 헤딩하며 느낀 건 혼란 그 자체였어요. MD가 뭘 해야 하는지, 도대체 어디부터 어디까지 챙겨야 하는지 갈수록 모르겠다는 거였죠. 100개가 넘는 업체들을 혼자 관리하려고 하니 하루 24시간이 모자라 몇 달간 잠도 제대로 못 잤다며 울기 직전인 후배에게 저는 이렇게 말했습니다.

"괜찮아, 걱정하지 마. 하나씩 풀어가보자. 지금은 해외 사업을 처음 계획하고 진행하는 단계니까 벌여놓은 일은 일단 멈추고 제로베이스에서 다시 시작하는 게 좋을 것 같아. 우선은 해외 사업 MD가 혼자니까 다 잘하려고 하지 말고 고객사 중에서 가장 중요한 한 곳을 정해봐. 그리고 회사의 가용한 자원을 총동원해서 그 고객사 한 곳에만 집중하고 2~3개월 이내에 매출을 확 띄워서 모범 사례를 만들어놔. 그 후에는 또 중요한 고객사 3~5개를 선정한 다음, 모범 사례를 통해 얻은 인사이트와 노하우를 그 고객사로 확산하는 거지. 6개월 안에 성과가 나오면 전체 고객사로 모범 사례를 확산하기 위해 대표님께 인원 충원을 해달라고 당당하게 요청하게 될 거야."

MD의 두 가지 시간 관리 법칙

후배의 얼굴이 밝아지더라고요. 당장 그만둘 것 같았던 후배는 몇 년이 지난 지금도 그 회사에서 핵심 인재 MD로 잘 지내고 있어요. 사실 제가 후배에게 해줬던 이야기 속에 오늘의 핵심인 두 가지 시간 관리 법칙이 들어 있습니다. 첫 번째는 여러 번 언급했던 '파레토 법칙'이에요. 실적 관리분만 아니라 시간 관리에 있어서도 80%의 효율을 내는 20%의 시간이 무엇인지 찾아내는 것이 정말 중요합니다. 어떻게 찾아내냐고요? 하루에 내가 사용한 시간을 30분 단위로 기록하고 그것이 쌓이면 분석이 가능해져요. 시간을 많이 쓰는데 성과가 안 나는 일에는 과감히 시간을 줄이고 효율이 높은 일에 시간을 더 배분하는 식으로 스케줄 관리를 하는 거예요.

단순하게 업무는 크게 중요한 일과 긴급한 일로 나눌 수 있어요. 다시 세분화하면 중요하고 긴급한 일, 중요한데 긴급하지 않은 일, 중요하지 않은데 긴급한 일, 중요하지도 않고 긴급하지도 않은 일이 있겠죠. 저는 중요하면서 긴급한 일부터 하루 중 가장 집중이 잘 되는 시간대에 배치해요. 보통 오전 시간을 활용하는데 오전에 회의가 있거나 다른 스케줄이 있을 경우에는 아무에게도 방해받지 않기 위해 조금 일찍 출근하거나 점심시간을 활용하기도 합니다.

그런데 파레토 법칙만으로는 효율을 극대화할 수 없습니다. 아무리 우선순위를 정한다고 해도 마감 시간이 없다면 한없이 일이 늘어지기 마련이니까요. 시험 전날 벼락치기를 하면 집중력이 급상승하죠? 심지어 시험 당일 시험지를 받기 전에 잠깐 10초 동안 공부한 노트를 훑어보는 게 평상시 10분 공부하는 것보다 더 기억이 잘 나잖아요. 이렇게 어떤 일을 할 때 마감 시한을 정해놓고 생산성을 극대화하는 것을 '파킨슨 법칙'이라고 해요. 파레토 법칙으로는 뭐가 중요한지 우선순위를 가려내고, 파킨슨 법칙으로는 생산성을 높일 수 있도록 마감 시간을 정하는 거예요. 예를 들어 칼퇴근이라는 마감 시간을 정해놓고 한정된 업무 시간 안에서 어떻게 하면 최대한 효율적으로 일할지 역으로 기획하면 일의 우선순위가 명확해지거든요.

시간 쓰기를 성과로 역기획하는 법

모두 다 하려고 하면 하나도 제대로 못 하게 됩니다. MD분만 아니라 '바쁘다 바빠 현대사회'를 살아가는 우리 모두 파레토와 파킨슨 법칙을 항상 생각하면서 시간 관리를 하면 숨통이 트일 거예요. 최근에 팀 내 주니어 MD K와 이런 대화를 나눴어요. 같은 고민을 하는 분들게 도움이 될 것 같아 K와의 대화를 공개합니다.

K : 선배님은 야근을 한 번도 안 하셨어요?

나 : 업무 시간 안에 최대한 효율적으로 시간 배분을 해서 불필요한 야근이 없도록 노력해요. 부득이하게 잔업이 생길 때는 일단 칼퇴근을 하고 다음 날 아침에 일찍 일어나는 식으로 조절하고요. 저는 하루에 식사 한 끼를 가족과 함께 하는 것이 가장 중요하거든요. 아침에 일하면 머리도 맑고 방해 요소도 적어서 집중이 잘 돼요.
하나 더 팁을 드리자면 하루를 파레토와 파킨슨으로 스케줄링하는 것도 필요한데 이것을 확장해서 1년을 놓고 파레토와 파킨슨으로 접근하는 것도

한 번 해보세요. 정신없이 일하다 보면 하루가 가고, 한 달이 가고 반년이 지나 어느덧 연말 평가를 받게 되잖아요. 그때 과연 내가 내세울 만한 성과가 무엇일까? 이 관점으로 1년을 놓고 역스케줄링을 해야 해요. 목표라고 하는 명확한 방향성이 있어야 중간에 길을 잃지 않고 앞으로 나아갈 수 있거든요.

K : 진짜 열심히 일한 것 같은데 막상 돌아보면 뭘 했는지 모르겠어요. 제가 어떤 성과를 냈는지 정리하는 게 어렵더라고요.

나 : 맞아요. 쉽게 예를 들어 승진이라는 목표를 세웠다고 가정하면 제일 중요한 게 뭐겠어요? 첫 번째는 매출이겠죠. MD는 매출 성장을 위해 돈 되는 상품을 소싱하는 게 중요하잖아요. 기존 협력사의 기존 상품과 신규 상품은 어떻게 소싱할 것인지, 신규 협력사의 상품 소싱은 어떻게 할 것인지 파레토로 분석해서 리스트업 하면 좋겠죠. 예를 들어 지금 내가 관리하는 협력사들의 매출을 다 합하면 100억 정도인데 올해 목표를 200억, 2배 성장하겠다고 정하면 추가 매출 100억에 대해 우선 기존 협력사 안에서 달성 가능한 전략을 짜보는 거죠.

첫 번째는 셀렉션 확장을 고려해 볼 수 있는데 기존에 잘하고 있는 셀렉션에 더욱 집중하는 방법이 있어요. 카테고리별 아이템 수, 아이템별 옵션 수 등의 효율을 분석하여 선택과 집중을 하는 거예요. 같은 리소스로 최대한의 성과를 낼 수 있는 카테고리와 아이템은 무엇인지, 그 안에서 돈이 되는 세부 옵션은 무엇인지 효율을 극대화하는 거죠. 여력이 되는 협력사라면 선택과 집중을 하는 동시에 카테고리 라인 확장까지 해준다면 완벽하겠죠? 티셔츠 전문 업체의 경우 맨투맨, 트레이닝복 등으로 상품군을 확대하는 것처럼요.

K : 그러면 기존 협력사로 성장할 수 있는 금액이 100억 중에 60억 정도라고 예측되면 나머지 40억에 대해서는 부분은 신규 협력사 입점을 통해 해결하면 될까요?

나 : 맞아요. 데이터와 경쟁사 분석을 통해 신규 입점 타깃 리스트를 만들고 매출 규모, 타겟층, 가격대, 확장 가능성, 비즈니스 구조 등을 파악하여 우선순위를 정해놓으면 자기만의 1년 치 로드맵이 생

기는 거예요. 기본적인 성과 외에도 본인만의 차별화 포인트를 어필할 수 있으면 좋은데 이 부분은 성과가 아주 크지 않아도 그 자체만으로 의미가 있기 때문에 인사이트를 통해 상징적인 성과를 잘 정리하는 게 중요해요.

차별화된 성과를 만들려면

K : 저는 업체 관리 외에도 마케팅 일정을 공유하고 노출 리스트 취합을 하는데 이 부분은 딱히 제 성과라고 할 수 있는 게 없어서….

나 : 똑같은 일을 해도 헛수고로 그치느냐 성과로 이어지냐는 한 끗 차이예요. K님이 연말 평가 때 매주 마케팅 일정을 공유하고 노출 리스트 취합을 했더니 이렇게 매출이 나왔다고 어필하면 과연 성과로 인정될까요? 성과에 대한 나의 기여도를 높이려면 주도적으로 기획하는 것이 중요해요. 예를 들어 '저는 검색 키워드 분석을 통해 주차별 핵심 키워드를 선정하고 마케팅팀과 긴밀한 협업을 통해 테마를 구성하였습니다. 각 MD들에게 세부 가이드를 주고 아이템을 취합했고 그중에서도 데이터 분석을 통해 적

중률 높은 아이템을 선정하여 ROAS(Return On Ad Spend, 광고비 대비 매출액)를 기존 120%에서 800%까지 개선했습니다.' 이렇게 말하면 어떤 느낌이 드나요?

K : 와, 천지 차이네요. 마케팅은 그냥 루틴한 업무 중의 하나라고 생각했는데 제가 어떻게 하냐에 따라 성과를 만들 수 있겠네요.

나 : 네, 뭔가를 실행해 봤다면 실패해도 괜찮아요. 실패했으면 왜 실패를 했고 그걸 통해서 얻은 인사이트가 뭐고 이걸 어떻게 개선해서 적용하니 결국은 성공했더라 이런 스토리가 중요한 거예요. K님은 지금도 잘하고 있지만, 여기에 플러스알파로 성과를 만들려면 이런 부분을 개선해 보고 시도해 보자고 적극적으로 제안해 보면 좋을 것 같아요. 이렇게 셀렉션과 마케팅, 두 가지에 집중해서 연간, 반기, 분기, 월간 성과를 파레토와 파킨슨으로 역기획하고 주차별로 실행한다면 도움이 많이 될 거예요.

K : 제가 좀 수동적이라 이런 부분이 많이 부족하다는

생각이 드네요. 셀렉션과 마케팅에 집중해서 업무 스케줄링을 하는 게 중요할 것 같은데 팀장님이 갑자기 시키는 일들이 많아서 스케줄 관리가 쉽지 않을 것 같아요.

나 : 팀장님도 지시하는 일에 우선순위가 있잖아요. 팀장님이 궁금해서 갑자기 즉흥적으로 물어보는 건지, 아니면 위에서 내려온 건지 그것도 중요하잖아요. 데드라인이 있는 일부터 피드백하는 게 좋은데 그게 파악이 안 될 때는 팀장님께 이렇게 물어보세요. '제가 지금 지시하신 A라는 업무를 하고 있고 오늘 오후 3시쯤 마무리가 될 것 같습니다. 방금 주신 B라는 업무는 A를 마치고 시작해도 괜찮을까요? B는 언제까지 피드백드리면 될까요?' 팀장님이 나의 업무 스케줄을 인지하도록 만들면 닦달하는 일이 훨씬 줄어들 거고 나도 그만큼 시간 확보가 되어 여유가 생길 거예요.

전략이란 무엇을 하지 않을지 선택하는 것이다.

-마이클 포터(하버드 MBA 교수)

4장.
매니지먼트의
달인, MD가
관리해야 할
세가지

갈등 관리:
위기를 기회로 만드는 법

MD에게는 상품 소싱뿐만 아니라 중요한 능력 하나가 더 필요합니다. 바로 관리하는 능력, 관리력입니다. 관리력이란 MD의 필수 능력 3가지인 분석력, 설득력, 실행력을 총동원해서 협력사를 매니지먼트하는 능력을 뜻합니다. 리테일 MD는 협력사를 플랫폼에 입점시켜서 어떻게 성장시킬 것인지 늘 고민하잖아요. 또한 시시때때로 급변하는 상황 속에서 끊임없이 피드백을 통해 문제를 해결해야 하는데 그러려면 매니지먼트의 핵심은 무엇이냐, 바로 컨설팅 역량이라고 결론 내릴 수 있습니다.

직장인이라면 누구나 한 번쯤 사업을 꿈꾸잖아요. MD로서 협력사를 매니지먼트한다는 것은 곧 내가 협력사의 디렉터가 되어 사업 역량을 키우는 예행 연습을 하는 것과 같다고 생각하면 돼요. 이렇게 관점을 바꾸면 MD라는 직무가 얼마나 재미있고 유익한지 새롭게 다가올 겁니다. 직장인에게는 리스크 없이 간접적으로 사업을 해볼 수 있는 너무너무 좋은 기회인 거죠.

MD가 제품에 대한 전문성을 갖춘 제조사보다 우위를 점할수 있는 영역은 내가 몸담은 플랫폼에 대한 데이터라고 했잖아요. 플랫폼에서 협력사가 성장할 수 있도록 내가 공동 경영을 한다는 생각으로 컨설팅을 해주면 그게 곧 내 지식이 되거든요. 내 돈이 들어가는 것도 아니고 리스크를 직접 짊어져야 하는 것도 아니니 얼마나 좋습니까. 물론 진심으로 협력사가 잘되도록 돕는 것이 첫째고요.

한 협력사와 내가 동업을 한다, 그 협력사를 내가 경영한다는 생각으로 컨설팅을 해주며 이렇게 한 번 시도해보고 저렇게 한 번 바꿔보면 어떨지 끊임없이 피드백해보는 거예요. 개선점을 찾고 문제를 해결하면서 인사이트와 지식이 쌓일 것이고 나중에 내가 직접 사업을 하게 될 때도 이 지식이 요긴하게 쓰일 거예요. 더 중요한 것은 지식이 쌓이고 성공 사례들이 많아지면 비숫한 케이스끼리 묶어 여러 가지 성공 패턴이 정리될 거라는 사실입니다.

만일 어떤 협력사를 컨설팅할 때 이 협력사의 성공 패턴이 어느 그룹에 속하는지 분석이 되면 그다음부터는 수월해지겠죠. 박리다매 전략을 취하는 협력사에는 A그룹의 전략을, 객단가 중심의 고급화를 지향하는 협력사에는 B그룹의 전략을 제시하는 등 패턴화된 피드백을 제공하는 것처럼요. 물론 모든 협력사가 똑같은 컨디션이 아니라서 세세하게 맞춤형으로 솔루션을 제시하는 섬세함도 한 스푼 더하는 걸 잊지 말아야 합니다.

남이 잘돼야 내가 잘 된다

결국은 남이 잘돼야 내가 잘 된다는 마인드가 굉장히 중요해요. 내가 먼저 잘 되려고 남을 이용하려는 세상에서 남이 먼저 잘되게 하려는 마음, 그 자체가 나의 경쟁력이거든요. 남을 돕는 과정에서 실력이 늘고 성숙해지며 사람을 얻기 때문에 결국 내가 잘 되는 결과로 이어질 수밖에 없습니다.

오프라인 MD로 근무할 때 일입니다. 백화점 한 지점에 P라는 브랜드의 30평짜리 매장이 있었습니다. 10대부터 30대까지 커버하는 다양하고 저렴한 옷을 판매했는데 문제는 매장에 40, 50대 고객들이 자꾸 유입되는 것이었어요. 영캐주얼 브랜드인데 매장 내에 젊은 고객층이 안 보이니 브랜드 이미지도 올드해지고 젊은 고객은 더더욱 유입이 안 되는 악순환을 겪고 있었죠.

월 매출이 3천만 원에 그치는 상황이라 해당 매장 점주, 브랜드 본사 영업 팀장과 함께 대책 회의에 돌입했습니다. 여러 아이디어가 오고 가는 가운데 일단 저는 30평 매장을 반으로 나누어 타깃별 콘셉트를 구분해 보자고 제안했습니다. 차별화된 시각화를 통해 브랜드 이미지를 효과적으로 개선해 보기로 한 거죠. 논의 결과 한쪽은 캐주얼 라인으로 레이아웃을 잡아 10~20대를 공략하고, 다른 한쪽은 베이직 라인으로 구성해 30~40대를 유입하기로 했고요. 저는 즉시 VMD와 협업해서 해당 매장의 레이아웃과 상품 진열을 싹 갈아엎었습니다.

동시에 브랜드 본사 영업 팀장에게는 이 매장을 모델 매장으로 만들 테니 이 매장에 모든 지원을 아끼지 말아 달라고 요청했습니다. 객수를 늘리기 위해 메인 행사장에 기획전을 세팅하고, 매장과 연계하여 연관 구매로 객단가를 올리겠다는 전략을 짰지요. 그렇게 마케팅 채널까지 총동원하면서 매니지먼트했더니 20~30대 고객 유입이 점점 늘어났어요. 동시에 네이버 온라인 판매를 위한 콘텐츠 개선 작업으로 매장 내에 디스플레이 공간에 포토월을 설치했더니 구매전환율도 눈에 띄게 좋아지더라고요. 거짓말같이 3개월 만에 월 매출 1억을 돌파했고 제 목표대로 P브랜드는 모델 매장이 될 수 있었습니다. 문제를 해결하기 위해 여러 사람이 다각도에서 접근해서 끊임없이 피드백하는 과정 덕분에 가능했습니다.

인식의 전환에 성공한 피드백

협력사와 일하다보면 고정관념을 바꾸기가 만만치 않다는 걸 느끼게 됩니다. 온라인 MD가 되어 처음으로 입점시킨 Z라는 A급 브랜드가 있었는데 Z가 그런 회사였죠. 이 과정 또한 만만치 않았습니다. 당시 Z는 철저하게 오프라인 베이스로 사업을 전개하는 굉장히 보수적인 회사였어요. 오프라인에서 온라인으로 고객이 넘어가고 있는 시점인데도 "우리가 온라인을 하지 않으면 고객은 결국 오프라인에서 구매할 것이기 때문에 온라인을 굳이 할 필요가 없다"고 말할 정도였죠. 이런 브랜드를 온라인에 입점시키기 위해 저는 갖은 노력을 했습니다.

우선 Z가 왜 그렇게 온라인을 싫어하는지 이유를 들어보기로 했습니다. 이유는 복잡하지 않았어요. "온라인은 무조건 쿠폰 할인을 남발하기에 우리의 가격 정책이 유지될 수 없고 브랜드 아이덴티티가 망가진다"는 게 불만이었던 거죠. 물론 일부 맞는 말이기도 했지만, 일단 저는 우리 플랫폼은 그런 우려를 불식하기 위해 쿠폰을 남발하지 않는다, 정판율이 높은 채널을 지향한다고 열심히 설명했습니다. 안타깝게도 그때는 아무리 설명해도 선입견이 강한 상대를 설득하기란 결코 쉽지 않더라고요.

일단 저는 Z를 꼭 잡아야 했습니다. Z는 깃발 브랜드가 될 수 있는 강력한 후보군이었거든요. 브랜드마다 암묵적인 등급이라는 게 있고 이는 브랜드들 사이에서도 통용되는 룰입니다. 나이키가 입점한다고 하면 아디다스, 뉴발란스 등이 덩달아 입점하겠다고 줄을 서니까요. 아무튼 Z를 입점시키면 그와 유사한 A급 경쟁 브랜드들을 유치하기가 한결 수월해지기 때문에 저는 꼭 Z를 입점시켜야 했습니다.

그러던 중 미팅 시간에 모바일 구매 고객 비중이 70% 이상이라고 던진 제 말에 Z의 키맨 눈빛이 번뜩이는 것을 감지했습니다. 이거다 싶었죠. 온라인에 부정적인 인식이 박혀있는 Z에 온라인의 장점을 계속 어필할 게 아니라 인식의 전환이 중요하겠다는 생각이 들었습니다. 바로 온라인이 아니라 모바일이라는 새로운 커머스 패러다임을 Z에게 심어주기로 한 거예요.

우리 채널은 온라인이 아니라 모바일 채널이라고 포커싱해서 데이터를 바탕으로 집요하게 설득하는 것으로 시작했습니다. Z의 키맨도 모바일에 관심이 있었던 터라 의외로 수월하게 이야기가 풀리는 듯했죠. 결국 온라인은 절대 전개하지 않겠다고 했던 Z는 대표까지 보고가 올라가게 되었어요. 그 과정에서 Z의 키맨이 대표 설득을 위해 필요하다고 하는 자료는 즉각 공유했고 저도 아이디어가 떠오르면 수시로 소통하고 피드백했지요. 결국 모바일로 포커싱한 전략이 잘 맞아떨어져서 Z를 입점시키는 데 성공했고 뒤이어 A급 경쟁 브랜드들까지 추가로 영입할 수 있었습니다. 마침 Z의 키맨도 모바일에 대한 니즈가 있었는데, 이를 소통을 통해 캐치했고 끊임없이 설득하여 이뤄낸 결과였습니다.

결론적으로, 직장생활을 하며 MD로서 내가 신뢰할 수 있는 업체를 하나라도 만드는 것이 중요합니다. 협력사를 내 편으로 만드는 피드백 비법은 의외로 심플해요. 되는 것은 된다, 안 되는 것은 안된다라고 명확하고 빠르게 피드백해주는 것이죠. 너무나 기본적이고 당연해서 오히려 많은 MD들이 놓치고 있는 부분이기도 합니다. 참 운이 좋게도 저한테는 앞으로 어느 카테고리로 이동하든, 어느 채널로 이직하든 전적으로 믿고 따르겠다는 업체들이 몇 군데 생겼습니다. 든든한 아군이 생긴 것 같아 뿌듯합니다.

하나의 협력사에 몰입해서 사력을 다해 한번 키워보면 어떨까요? 그 과정에서 배우는 게 많을 겁니다. 하나의 성공 경험은 또 다른 협력사로 이식하여 확산할 수 있거든요. 다른 협력사에도 나의 진정성 있는 매니지먼트 성공 스토리를 들려주면서 나를 믿고 따라와달라고 자신 있게 말할 수 있죠. 이런 점에서 MD라는 직업은 정말 매력적입니다.

인맥 관리:
커머스의 답은 사람이다

MD는 늘 숫자와 씨름하는 직업입니다. 매출이 오를 때도 있고 떨어질 때도 있어서 저희는 늘 원인을 분석하지만, 단순히 숫자만으로 밝혀내지 못하는 숨은 진실이 있는 것도 사실입니다. 노력 대비 성과가 반드시 일치하는 것은 아니잖아요. 기상청 소풍날에도 비가 온다는 말이 있듯이 변덕스러운 날씨 때문에 열심히 준비한 기획전을 망쳐버리기도 하고, 미처 신경 쓰지 못한 프로모션이 어쩌다 얻어걸려서 대박을 터뜨릴 때도 있습니다.

이런 변수가 생기는 이유를 저는 커머스가 종합예술의 영역이기 때문이라고 생각합니다. 커머스는 사람과 사람이 만나는 종합예술의 장이고 MD는 사람과 사람을 이어주는 종합예술가인 거죠. 사람을 상대할 때면 인문학, 심리학, 언어학, 철학, 과학, 수학 등 다양한 영역이 유기적으로 작용하는 것을 경험하게 되잖아요. 사람과 사람이 만나면 자연스럽게 서로의 생각과 가치관을 나누고 손익을 따지며 존재의 가치를 판단하게 되니까요. 마찬가지로 결국 커머스는 사람이 답이라고 생각합니다.

MD의 일에서 핵심은 상품 확보보다 사람 확보에 있다고 봅니다. 다시 말해 '남이 진짜 잘 되게끔 해주자'라고 마음먹는 게 필요하다는 뜻이죠. 앞에서 한 협력사만이라도 제대로 한번 키워보라고 했잖아요. 아니면 범위를 좁혀서 한 협력사의 팀장이 좋은 성과를 내서 승진하도록 돕는 것도 생각해 볼 수 있겠죠. 상대의 입장에서 진짜 잘 되게끔 함께 고민하고 진심으로 상대를 도와주는 과정을 경험해야 비로소 내가 성장할 수 있어요. 그것이 결국 나의 지식이자 레퍼런스로 쌓이는 동시에 주변에 좋은 사람들이 남게 되니 큰 이득이죠.

얼마 전에 한 협력사 대표에게 연락이 왔어요. 건물주가 되었는데 계약서에 도장을 찍자마자 너무 기뻐서 가장 먼저 감사한 사람에게 전화했다고 하더라고요. 저 역시 감사하고 뿌듯했어요. 10년이 훌쩍 넘는 시간 동안 MD로 일하면서 과연 내 퍼포먼스의 끝은 어디인지 확인해보고 싶었기에 한 협력사를 선정해 전심전력으로 도왔거든요. 물론 저의 기여도가 절대적이지는 않았겠지만, 연 매출 1억 원이었던 협력사를 2년 만에 연 매출 180억 원까지 성장시키는데 일정 부분 이바지했다는 자부심과 MD로서의 자신감도 생겼어요. MD가 아니었다면 언제 또 이런 경험을 할 수 있었겠어요?

상품 확보보다 사람 확보가 중요하다

데이터에 담긴 진심을 상대에게 전달하여 성과를 냈던 N 브랜드 이야기를 할까 해요. 저는 N 브랜드의 판매 데이터를 파고 또 파서 옵션별, 가격대별 필요 물량 비중까지 산출했습니다. 물량의 유연한 운영을 위해 특약 매입에서 홀세일로 전환하면서 끊임없이 소통한 결과, 신규 입점사들 중 최초로 N 브랜드는 3개월 만에 주간 매출 1억을 달성했지요.

그렇게 잘 나가던 N 브랜드가 브랜드 자체의 상품운영과 물류에서 문제점이 드러났고 어느 순간부터 성장이 멈추는 일이 발생했습니다. 어떻게 해서든 문제를 해결해보려고 했지만 쉽지 않았습니다. 그때 저는 브랜드 담당자와 MD 사이의 케미와 의지가 성과를 내는 데 정말 중요하다는 것을 다시 느꼈습니다. 브랜드에서는 여러 플랫폼에 입점해 다양한 채널을 운영하는데 A라는 플랫폼의 효율이 떨어져 관심도가 낮아지면 브랜드 담당자는 효율이 더 잘 나오고 더 일하기 편한 B라는 플랫폼으로 집중하고 싶은 게 당연합니다. 가뜩이나 리소스는 부족한데 인원 충원도 안 되면 결국 월급은 그대로인데 본인 일만 늘어나는 꼴이 되니 동기부여가 떨어질 수밖에 없죠.

역시 사람의 마음을 얻는 것이 중요합니다. 이때 MD가 브랜드 담당자 입장에서 동기부여가 될 수 있게끔 계속 피드백하는 것이 관건이에요. 그가 우리 채널에 에너지를 쏟았을 때 본인에게 어떤 유익이 있을 것인지 선명하게 그려주면서 윈윈하는 것이 필요하거든요. 예를 들어 그가 만약 올해 승진을 하고 싶다는 니즈를 캐치했다면 역으로 묻는 거죠. 어느 정도 실적을 만들면 승진이 가능할 것인지 목푯값을 세팅하고 서로 어떤 노력을 할 것인지 머리를 맞대는 과정에서 성패가 결정됩니다. 브랜드 임원에게도 담당자에게 어느 정도 성과를 기대하는지, 성과 달성에 따른 보상을 어떻게 해줄 것인지 확인해 담당자에게 공유해주는 것도 동기부여의 좋은 방법이에요. 물론 이 모든 건 어느 정도 관계성이 형성된 상태에서 실례가 되지 않는 범위 내에서 소통해야 한다는 점도 잊으면 안 돼요.

사람 얘기가 나오니 생각나는 일이 있습니다. 오프라인 MD 시절, 백화점의 한 지점에서 S브랜드와 '1억 매장 만들기' 프로젝트를 하며 친해진 S브랜드 영업 팀장과의 일입니다. 그와는 평소에도 영업 관련 일로 자주 미팅을 하던 사이였습니다. 그런데 어느 날 그가 이렇게 푸념하는 거예요. "제가 올해의 사원이 될 수 있었는데 다 잡은 것을 눈앞에서 후배에게 뺏겼어요. 올해의 사원이 되면 승진도 하고 보너스도 나오는데 정말 씁쓸하네요." 같은 직장인으로서 안타까운 마음이 들더라고요. 그래서 제가 다음번에는 당신이 꼭 올해의 사원이 되었으면 좋겠다, 내가 어떤 걸 도와주면 되겠냐고 물었습니다. 우리는 그때부터 서로 아이디어를 쏟아내기 시작했어요. 자연스럽게 'S브랜드 영업 팀장 올해의 사원 만들기 프로젝트'가 시작된 겁니다.

당시 전국에 있는 수백 개의 S브랜드 매장 중에 하루 행사 매출 1억 원을 달성한 매장은 단 한 군데도 없었는데 그런 미친 짓을 한번 해보면 어떨까로 의견이 모아졌고 그렇게 '행사 매출

1억 매장 만들기' 프로젝트를 만들었습니다. 당시에는 하루에 행사 매출 1천만 원만 나와도 백화점에서 축하 팡파르를 울려줬거든요. 사실 하루에 1억은 현실적으로 불가능한 목표라서 이후에 4일간 1억을 해보자고 목표를 수정했는데 이 또한 최초로 도전하는 기네스 목표였어요. 저는 내부 설득을 통해 가장 매출이 잘 나올 수 있는 행사장 위치와 행사 기간을 확보하는 동시에 마케팅, VMD, 판매사 교육 등 모든 지원을 S브랜드에 집중했습니다.

대표에게 보고할 자료가 필요하다는 그에게 제가 직접 보고 자료도 만들어주면서 온 정성을 쏟았습니다. 올해의 사원이 되겠다는 의지로 불타오르는 S브랜드 영업 팀장은 결국 대표를 설득해서 전국 최저가 상품을 만들어 왔어요. 상의, 하의, 아우터 이렇게 3가지 풀 코디를 10만 원대에 구매할 수 있도록 초특가전을 구성한 결과 4일간 6천만 원이라는 기네스 매출이 나왔습니다. 목표했던 1억 원에는 미치지 못했지요. 이유가 있었습니다. 고객이 너무 많이 몰려서 계산에 로드가 걸리는 바람에 판매 로스가 일어났던 거예요. 대박 행사를 진행할 때는 계산대 확충과 대기 고객 동선 확보가 굉장히 중요하다는 것을 깨달았던 순간이었습니다.

거대한 목표 달성에는 실패했지만, 역대급 실적을 쌓은 S브랜드 영업 팀장은 올해의 사원이 되어 승진했고, 저 역시 인사고과 최고 평가를 받으며 최연소 영업 팀장이 되었습니다. 상대의 절박한 니즈를 파악하고 그가 잘되도록 진심을 담아 도와주면 결국 윈윈할 수 있다는 귀한 깨달음을 얻었던 프로젝트였습니다.

필요한 사람이 된다는 것

이번엔 J브랜드 얘기를 해볼까 합니다. J는 온라인 MD가 되어 만난 업체였어요. 처음에 만났을 때 좁은 지하 셋방 사무실을 쓰고 있었고, 달랑 직원 1명을 둔 대표는 야간에 택배 아르바이트까지 할 정도로 열악한 상황이었습니다. 지금 J가 어떻게 변했는지부터 말씀드릴게요. 3년이 지난 지금은 5층짜리 건물에 직원 30명을 둔 매출 최상위권 브랜드로 성장했습니다. J 대표는 저를 볼 때마다 은인이라며 고마워합니다. MD에게는 이런 게 바로 보람인 것 같습니다. 지금 이 글을 쓰면서도 MD가 된 사실에 감사함을 느낍니다. 제 경험과 능력으로 남에게 도움을 주고 필요한 사람이 된다는 것, 회사가 부여한 권한을 통해서 진짜 어렵던 협력사 대표를 건물주가 되도록 도와줄 수 있다는 것, 은

인이라는 소리까지 들으며 함께 기뻐할 수 있는 것 모두 참 감격스러운 일입니다.

제 아이들은 항상 오전 6시에 눈을 떠서 아빠를 깨우는 것으로 하루를 시작합니다. 잠들기 전까지 잠시라도 아빠를 내버려 두질 않죠. 아무리 예쁜 아이들이라도 귀찮고 성가시게 느껴지곤 하는데 그럴 때 인생의 선배들이 품 안의 자식일 때가 가장 예쁘고 그리운 추억이 된다고 해준 조언을 떠올립니다. 인생에서 나를 이렇게까지 필요로 하는 존재가 또 있을까 생각하면 신비롭고 감사한 일이 아닐 수 없습니다. 무거운 책임도 따르지만, 쉽게 경험하지 못하는 큰 기쁨이랄까요.

빌 게이츠를 비롯한 세계적인 부자들이 적극적으로 봉사하고 기부하는 것을 보면 돈으로 얻을 수 있는 행복보다 누군가를 도와주고 누군가에게 필요한 존재가 되는 것에서 얻는 만족이 진정한 행복이라는 생각이 들어요. 평생 나밖에 모르고 이기적으로 살아온 내가 이타적으로 누군가에게 필요한 사람이 되고자 희생할 때 인생의 만족감이 충만해지는 역설적 기쁨을 누리게 되는 게 아닐까요?

성과 관리:
아웃풋을 만드는 최단 거리 설계하기

회사에서 미션을 받으면 보통 어떻게 일을 시작하나요? 자료를 찾으며 분석하는 연구원 유형, 일단 부딪쳐보는 모험가 유형, 동료들을 찾아다니며 조언을 구하는 질문가 유형 등 다양한 유형이 있을 텐데 본인은 어디에 속하나요? 어떤 유형이 정답이라는 건 없습니다. 어쨌거나 중요한 건 얼마나 빠르게 성과를 최대치로 창출하느냐, 이것이기 때문입니다.

성과에 도달하는 과정을 어떻게 얼마나 심플하게, 최단 거리로 설계할 수 있느냐를 알면 절반은 다 온 셈입니다. 저는 미션을 받으면 우선 역설계부터 합니다. 달성해야 하는 결괏값을 먼저 명확하게 설정하고 어떻게 하면 가장 심플하고 빠르게 성과에 도달할지 역순으로 머릿속에 그려보는 거죠. 사람마다 다르겠지만, 저는 먼저 사람을 떠올려요. 성과를 달성하기 위해 가장 중요한 해결사가 누구인지 조직 내외부에서 찾는 거죠.

직장인이라면 누구나 업무를 끌어안고 혼자 끙끙 앓았던 경험을 해봤을 거예요. 저는 이럴 때 먼저 내부에서 키맨을 찾아요. 이 업무를 가장 잘할 수 있는 사람이 누굴까 떠올리는 거죠. 나보다 경험과 지식이 더 많은 사람에게 물어보면 최단 거리를 설계하는 시간을 아낄 수 있거든요.

일하는 방법을 모르면 조언을 구할 수 있는 사람이 누구인지, 도움이 필요한 유관부서는 어디인지, 또 해당 부서에서 의사결정에 영향력을 행사하는 사람이 누구인지 찾는 것이 성과를 내는 가장 빠른 지름길입니다. 쉽게 말해 실세를 찾는 거예요. 여기서 헷갈리지 말아야 할 것이, 의사결정권을 가진 임원이라고 해서 반드시 키맨이 되는 것은 아니에요. 부서마다 의사결정에 결정적 영향을 미치는 실세가 신임받는 실무자인 경우도 있으니까요.

만일 조직 내부에서 도움을 받을만한 사람이 없을 경우에는 어떻게 할까요? 앞서 파레토 법칙을 현장에 적용한 사례를 소개했었는데요. 제가 입사 3년 차에 모시던 팀장이 갑자기 발령이 나고 함께 일하던 동료도 퇴사를 하는 바람에 저 혼자 40개 브랜드, 100명의 직원을 관리해야 하는 상황이 벌어졌어요. 휴무도 못하고 열심히 일하면서 버티다가 번아웃이 오더라고요. 그때 동료가 추천한 책《80/20 법칙》을 읽고 일에 적용시켰더니 마법처럼 일이 술술 해결되는 기적을 경험했죠.

책에서 찾은 답이 현장에 실제 적용되는 걸 보니 재미있어서 절로 몰입이 되더라고요. 그때 처음으로 책도 넓은 의미에서 훌륭한 키맨이 될 수 있다는 사실을 깨달았습니다. 요즘은 유튜브에도 자기 계발 콘텐츠를 비롯해 여러 가지 좋은 내용들이 많잖아요. 내가 조금만 관심을 가지면 키맨이 널려있는 세상이라고 해도 과언이 아닐 거예요. 다만 우리의 뇌는 고통스러운 만큼 더 오래 기억하기 때문에 편안하게 유튜브를 보는 것보단 힘들더라도 책을 읽는 것을 더 추천합니다.

외부에서 키맨 찾기

당연히 조직 외부에서 키맨을 찾아야 하는 일도 분명 생깁니다. 예를 들어 어느 신규 업체를 입점시켜야 한다고 했을 때 컨택 포인트가 없다면 어떻게 하겠어요? 해당 업체 홈페이지를 방문하거나 금융감독원 전자공시시스템으로 사업자등록번호를 조회해서 찾는 방법 등 여러 가지가 있겠지만, 보통 공식적으로 노출된 컨택 포인트는 키맨이 아닌 경우가 대부분이에요. 키맨과 컨택하기까지 몇 단계를 더 거쳐야 하기에 시간이 많이 걸리곤 합니다.

이럴 때 저는 관련 분야에 경험이 많은 지인에게 도움을 요청합니다. 대한민국은 한 다리 건너면 모두 다 아는 사람이라고 하잖아요. 지인이 모르면 지인의 지인에게, 지인의 지인이 모르면 지인의 지인의 지인에게 도움을 요청해 본 적도 있습니다. 혹시 '나는 I 성향이고 사회 초년생이라 네트워크도 없어서 힘들겠어'라는 생각이 드나요? 저도 사회 초년생 때는 낯가림이 심하고 I 성향이 강해서 사람들과 두루두루 친해지기 어려웠어요. 그래서 제가 찾는 방법은 극강의 E 성향을 지닌 한 사람과 깊게 친해지는 것이었어요. 내가 100명과 친해지기는 어렵지만,

100명과 친한 한 사람을 친구로 삼는 것은 가능하다고 판단했거든요.

조직 외부 사람과 미팅을 할 때도 성과에 도달하는 최단 거리를 설계하려면 실세가 누구인지 찾는 것이 관건이에요. 아무 권한도 없는 실무자와는 아무리 열심히 만나도 일의 진행 속도가 확실히 더디거든요. 거듭 강조하지만 지금 만나는 사람이 의사결정권을 가지고 있느냐, 의사결정에 지대한 영향을 행사할 수 있느냐를 빠르게 파악해야 합니다. 이때 주의할 점은 직급과 직책만 보고 쉽게 판단하면 안 된다는 사실입니다. 어떤 업체는 과장급인데도 의사결정이 가능하기도 하고, 또 어떤 업체는 이사급인데도 반드시 대표 컨펌을 받아야 하는 경우도 있으니 세심하게 살피기 바랍니다.

그렇다면 처음 보는 자리에서 어떻게 상대가 실세인지 파악할 수 있을까요? 업체에 대해 사전 조사를 한 상태에서 "회사에 대해 더 자세히 알고 싶은데 회사 자랑 좀 해주시겠어요?"라고 질문하면요, 보통은 자연스럽게 회사 자랑을 풀어놓는데 이 과정에서 조직도를 파악할 수 있습니다. 보고 라인이 어떻게 되는지, 조직은 어떻게 구성되어 있는지 틈틈이 물어보는 거죠. 그러면 지금 만나는 상대가 회사에서 어떤 위치인지 대략 가늠이 됩니다. 아니면 간접적으로 상대에게 의사결정권이 있는지 물어보는 방법도 있어요. "공교롭게도 프로모션 기간이 지난주에 끝났지만, 지금 바로 결정하시면 예외 적용으로 내부 검토를 통해 수수료 혜택을 드리고자 하는데 어떻게 하시겠어요?" 하고요. 결정권자가 아니라면 내부 검토가 필요하다면서 당장 답을 주지 않을 겁니다.

모델 만들기와 공 넘기기

최단 거리 설계를 위한 또 하나의 방법은 모델을 만드는 거예요. MD에게는 A급 브랜드를 입점시켜라, 월 매출 10억짜리 브랜드를 육성하라 등 여러 미션이 주어질 수 있는데요. 앞에서 제가 일단 한 업체에만 집중해서 모델을 만들어보라고 했던 내용 기억하나요? 모델을 만든다는 것은 하나의 모범 사례를 만들어 기준을 세운다는 의미예요. 이것을 Best Practice, 줄여서 BP라고 불러요. 모든 자원과 역량을 집중해 BP를 하나 만들고 나서 성공 원리를 3개로 이식하고, 그다음에 5개, 10개로 점차 확산해가는 거예요. 작은 불씨 하나가 산불이 되듯이 말이죠.

마지막으로 나누고 싶은 핵심 꿀팁은 '공 넘기기'입니다. 이 스킬은 꼭 모두가 실천했으면 하는 것으로, MD의 스트레스를 획기적으로 줄여줄 수 있다고 확신합니다. 혹시 폭탄 돌리기 게임을 본 적 있나요? 언제 터질지 모르는 시한폭탄을 서로에게 건네주다가 폭탄이 터지는 순간에 그것을 갖고 있던 사람이 벌칙을 받는 게임인데요. 공 넘기기도 이와 비슷합니다.

상대와 협상을 할 때 공을 누가 가지고 있느냐가 중요합니다. 언제 터질지 모르는 폭탄을 내가 들고 있으면 불안하고 예민해지기 마련이잖아요. 공 넘기기의 핵심은 누가 해결 과제를 안고 있을 것인가를 명확히 하는 거예요. 예를 들어 어느 브랜드를 입점시킬 때 내가 수수료를 30%로 제안했다고 가정할게요. 그런데 브랜드에서 "우리는 25% 아니면 입점이 어려운데 어떻게 좀 도와주세요"라고 한다면 공이 내게 넘어온 거예요. 그 브랜드를 반드시 입점시켜야 한다는 미션을 받은 상황이라면 5%의 갭을 내가 해결해줘야 하는 상황이 된 거죠. 팀장에게 보고했지만, 돌아온 답변이 1%만 조율 가능하다고 하면 브랜드에 29%를 다시 제안해야 하고 그러면 브랜드에서는 "우리도 1% 양보해서 26%까지만 가능한데 방법을 찾아주세요"라며 다시 공을 내게 넘길 거예요. 이런 식으로 공이 계속 내게 넘어오면 일의 진척은 없고 스트레스만 가중되는 상황이 벌어집니다.

공을 상대에게 넘기려면 어떻게 해야 할까요? 미리 여러 가지 안을 만들어 상대에게 선택지를 주고 고민하도록 유도하는 것이 좋습니다. 예를 들어 우리는 수수료 30%를 원하는데 상대는 25%를 원한다면 수수료 30% 진행 시에는 광고비 2%를 자사에서 지원하는 것을 검토해 볼 수 있지만, 수수료 25% 진행 시에는 브랜드에서 광고비 5%를 추가로 부담해야 한다고 제안할 수 있겠죠. 또는 상반기까지는 25%, 하반기부터는 30%로 기간별 허들을 둘 수도 있고 매출 구간별로 수수료 차등 적용 안을 제시하는 등 방법은 생각해보면 많이 나옵니다.

공을 최대한 빨리 상대에게 넘겨놓고 상대방이 고민할 시간에 나는 다른 일을 할 수 있는 아주 유용한 스킬이니 잘 활용하면 도움이 많이 될 거예요. 시한에 쫓기는 경우에도 공 넘기기를 적용할 수 있습니다. 실제로 제가 오프라인 MD일 때 백화점 신규 점포 오픈 당시 썼던 방법이에요. 회사에서는 중요하게 생각해서 투자를 많이 한 점포였는데 당시 상권이 제대로 형성되지 않아서 브랜드들이 입점을 망설이는 상황이었습니다.

상품매입본부의 같은 팀 선배가 A급 브랜드인 O를 담당하고 있었는데 도저히 입점 진척이 안 되는 거예요. 서로가 예전에 협의한 사안에 대해 "그건 이미 끝난 일이 아니냐? 무슨 말이냐, 아직 해결 안 됐다!" 이런 식으로 의견을 좁히지 못하고 싸우고만 있더라고요. 깃발 브랜드인 브랜드 O가 입점을 해야 다른 A급 브랜드들도 설득하기가 쉬워지는데 신규 점포 그랜드오픈 날짜가 1달 남은 상황까지도 진척이 안 되는 거예요. 저는 선배에게 제가 한번 협상해 보겠다고 당돌하게 건의했습니다. 그리고 내부 컨펌을 통해 3%의 수수료 혜택을 줄 수 있는 권한까지도 미리 확보했죠. 그렇게 선수 교체를 하게 된 저는 브랜드 O에게 다음과 같이 제안했어요.

1. 저는 예전에 무슨 일이 있었는지 모릅니다. 서로에게 아무 의미 없는 싸움만 하지 말고 제로베이스에서 다시 협상하는 게 좋겠습니다.
2. 이번 주까지 입점을 확정하시면 수수료 3%의 혜택을 드리겠습니다.
3. 다음 주에 입점을 확정하시면 수수료 혜택은 1%만 보장할 수 있습니다. 그 외에는 저희가 제안해드릴 수 있는 게 없습니다.

이렇게 공을 상대에게 넘겨놓고 상대가 고민할 동안 저는 다른 브랜드들과 협상을 진행했어요. 최악의 경우를 대비해야 하니까요. 결과는 어땠을까요? 2달 넘게 진척이 없던 브랜드 O는 제가 만난 지 5일 만에 수수료 3%의 혜택을 받고 입점을 결정했습니다. 물론 저 혼자 잘해서 된 게 아니고 선배가 앞서 치열하게 브랜드와 싸우며 힘을 빼놓았기 때문에 운 좋은 타이밍에 제가 성과를 거둘 수 있었던 것이지만요.

성과에 도달하는 최단 거리 설계를 위한 3가지 전략인 키맨 찾기, 모델 만들기, 공 넘기기에 대해 알아봤는데요. 서두에서도 강조한 것처럼 MD는 얼마나 빠르게 성과를 최대치로 창출할 것인지 목표를 정하고 방향성을 잃지 않아야 한도 끝도 없이 늘어나는 업무에서 자유로울 수 있습니다. 조금이나마 여러분의 시간을 아끼고 좋은 성과를 내는 데 도움이 되길 바랍니다.

저는 도전을 좋아합니다. 도전하는 것 자체가 성장의 발판이고 그것이 곧 성공으로 이어지는 길이라고 생각하기 때문입니다. 인간은 관성을 거스를 때 발전하게끔 설계되어 있거든요. 식습관을 바꾸기 위해 독하게 저항하는 과정을 거쳐야 다이어트에 성공하고, 온갖 유혹을 뿌리치고 운동 습관을 만드는 과정을 거쳐야 근육이 자라는 것처럼요. 관성을 거스르면 반드시 고통이 따르기 마련이에요. 인간의 뇌가 편리함과 편안함을 버리고 새로운 것을 받아들여야 하기 때문이죠.

인생은 선택의 연속인데 우리는 어떤 선택을 할 때 좀 더 나은 인간이 될 수 있을까요? 고통이 없이는 성장할 수 없기에 더 불편하고 더 어려운 쪽을 선택하는 것만이 유일한 길이 아닐까 싶어요. 인간의 본성은 더 편하고 더 쉬운 쪽을 택하기 마련이거든요. 본능에 충실한 것도 하나의 선택일 수 있지만, 그렇게 해서 남는 건 지방 덩어리밖에 더 있을까요?

사회 초년생일수록 실패를 많이 하는 것이 중요합니다. 책임자의 자리가 아닐 때 마음껏 도전하고 실패해 봐야 경험치가 쌓이고 실력으로 남거든요. 또 아무리 실패한다고 한들 최악의 경우는 직장에서 잘리는 것밖에 더 있겠어요? 널리고 널린 게 직장인데 잘리면 다른 데 가면 되잖아요. 실패했다고 해서 인생이 끝나는 것도 아닌데 실패를 두려워하지 않았으면 좋겠습니다.

TV 프로그램 중에 〈서민 갑부〉를 저는 무척 즐겨봅니다. 지금까지 수십 편을 봤는데 자수성가한 서민 갑부들의 공통점이 바로 실패한 만큼 성공했다는 겁니다. 실패를 많이 해본 사람이 결국은 나중에 성공했을 때 그 성공을 오래 유지할 수 있는 내공을 쌓게 되더라고요. 저는 집에 압류 딱지가 붙고 빚쟁이들한테 쫓길 정도로 실패해 보진 못했지만, 직장생활을 하며 실패한 경험들이 거울이 되어 내가 어떤 인간인지, 어떻게 개선해야 하는지 알아가도록 큰 도움을 받았습니다.

실패를 알지 못하면 성공을 알 수 없다

한 번은 누가 시키지도 않았는데 최단기간 주간 매출 1억 원을 달성한 브랜드 N의 월간 목표를 10억 원으로 잡고 팀장에게 당장 다음 달에 목표를 달성하겠다고 큰소리를 친 적이 있었습니다. N

과 물량, 마케팅 등 사전 협의가 끝난 상황이었기에 이상하게도 자신이 있었거든요. 결과는 월 매출 1억 3천만 원으로 목표 달성률 10%에 그치고 말았습니다. 해외 생산 공장에서 물류 이슈가 발생해서 상품 입고가 지연되었기 때문인데 제가 큰소리쳤던 것의 몇십 배 더 큰소리로 팀장에게 혼났던 기억이 나는군요.

당시에는 잘해보려고 한 행동이었고 목표 달성을 못한 것이 100% 내 잘못도 아닌데 왜 이렇게 사람을 잡아먹을 듯이 혼내는지 억울하기만 했습니다. 하지만 시간이 지나면서 제가 일을 대하는 태도가 얼마나 안일했었는지 깊이 반성하게 됐지요. 그때의 저는 일단 질러 놓고 안되면 말고라는 식의 사고가 머릿속에 있었습니다. 패기와 열정도 중요하지만, 용기가 무모함이 되지 않으려면 목표 달성을 위해 끝까지 집요하게 파고드는 끈기가 필수라는 것을 후에 배웠습니다. 실패해 보지 않았다면 절대 뼈저리게 느끼지 못했을 거예요.

또 하나의 실패담은 커리어와 관련된 것입니다. 제가 직장생활을 8년쯤 했을 때 매너리즘에 빠져 '나의 강점 찾기'라는 프로젝트를 스스로 기획하고 진행했었거든요. 그 과정을 통해 저의 강점은 소통과 관련이 있다고 결론을 내렸고, 전문적인 소통의 영역에 발을 담그고 싶다는 마음에 사내 공모를 통해 홍보실로 팀 이동을 했습니다. 그런데 막상 그러고 나자 제가 8년간 MD 경력을 쌓아온 상태에서 생뚱맞게 홍보실로 이동하는 바람에 커리어가 꼬여버린 거예요.

홍보실에서 1년 정도 완전히 새로운 업무를 하다 보니, 실제 업무와 제가 머릿속으로 그렸던 소통과는 거리가 있었습니다. 이대로 계속 가다가는 MD 경력 단절에 연봉 또한 점핑하기 힘들 것 같다는 판단이 섰고요. 이상과 꿈을 좇아 도전했지만 결과가 이러니 후회부터 밀려오기 시작했습니다. 현실적으로 저는 홍보를 전공한 것도 아니고 관련 경력도 없었을 뿐더러 당시에 아이도 태어났던 터라 뭔가 내가 잘못된 선택은 했나 겁이 덜컥 나더라고요.

다시 MD 업무로 복귀해서 다행이지만 지나고 보면 그때 그 과정이 있었기에 내가 진정으로 원하는 것을 찾을 수 있었고, 현실 속에서 이상을 추구하는 방법에 대해서도 알아가게 되었습니다. 덕업일치라는 말은 이상적이지만, 또 이상적인 만큼 현실적으로는 위험한 발상일 수 있다는 것을 체험했으니까요. 취미가 직업이 되는 순간 흥미를 잃기 마련이거든요.

홍보실에는 신문방송학과, 문예창작과, 국문과를 나와서 글 쓰고 책 읽는 걸 좋아하는 사람들이 대다수였는데 그들이 하나같이 이런 말을 했습니다. "내가 진짜 글 쓰는 거 좋아했는데 이 일을 하다 보니 글을 쓰고 싶지가 않아요. 원래 블로그에 매일 글을 올렸었는데 이제는 매일 업무로 글을 쓰는 것에 질려서 블로그도 못 하고 있어요." 이 말을 듣고 취미는 취미대로 남겨두는 게 중요하다는 것을 깨달았지요.

홍보실 이동이 잠시 동안의 시행착오였고 실패처럼 보일 수 있지만, 저는 홍보실에서 1년 동안 콘텐츠는 어떻게 구성하는지, 대내외 홍보는 어떻게 하는지, 썸네일은 어떻게 만들어야 하는지 등 감각을 키울 수 있었고 책을 쓰는 데도 많은 도움을 받았습니다. 지금 생각해도 다소 무모한 도전이었지만, 저는 정말 잘했다고 생각합니다.

최악의 매가 최고의 약

그런가 하면 학창 시절에도 받아보지 못한 최악의 평가를 직장 생활에서 받아보기도 했습니다.. 덕분에 스톡

옵션을 하나도 못 받고 연봉도 동결되었죠. 평가 기간에 육아휴직을 썼거든요. 육아를 해야 하는 상황이기도 했지만, 사실은 상사와의 갈등이 주된 원인이었습니다. 상사의 폭언과 가스라이팅에 정신이 피폐해져 있었거든요. 다 필요 없고 일단 살아야겠다는 심정으로 육아휴직을 질렀는데 이게 정말 큰 실수였고 실패였어요.

지금에 와서 말하는 것이지만, 동료들이 받은 스톡옵션이 그렇게 많을 줄 몰랐습니다. 육아휴직을 하고 한참이 지난 후에 동료들의 스톡옵션 소식을 들으며 조금 더 버텼으면 어땠을까 하는 후회가 밀려오더라고요. 한 가지 스스로 위로했던 건, 설사 알았다 한들 당시의 저는 금융 문맹이니 제대로 그 가치를 알지도 못했을 거라는 사실입니다. 누구를 탓하겠습니까. 결국은 내 잘못인 거예요. 그 누구도 강요하지 않았던 나의 선택이었으니까요. 나의 무지를 탓하며 나 자신을 향한 분노로 저는 열심히 재테크 공부를 하게 되었고, 복직 이후에는 일에도 더욱 충실히 집중하게 되었으니 전화위복이라고 생각합니다. 제게 최악의 평가를 줬던 상사가 어느 날은 회의 때 동료들 앞에서 제가 일하는 것을 본받으라며 공식적으로 칭찬을 다 하더라고요.

결론적으로 최악의 매가 최고의 약이 되었습니다. 만일 어설프게 주식도 받고, 성과급도 받았으면 지금까지 관성적으로 회사에 다녔을 것 같아요. 재테크 공부도 별로 하지 않고 일에 대해서도 진지하게 고민하지 않은 채 적당히 시간만 보냈을지도 모릅니다. 큰 수업료를 치렀다고 생각해요. 지나고 보니 성공도 성공이고, 실패도 성공이라는 생각이 드네요. '중요한 것은 꺾이지 않는 마음'이라는 유행어처럼 상황보다 중요한 것은 내가 어떤 자세로 일할 것인지에 대한 태도니까요.

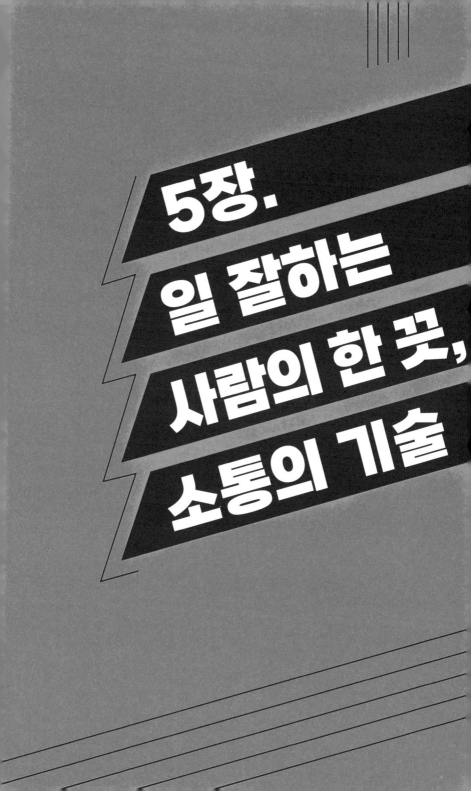

5장.
일 잘하는
사람의 한 끗,
소통의 기술

같은 내용이라도
다른 결과를 얻는 대화법

같은 말도 어떻게 하냐에 따라 결과가 완전히 달라질 수 있습니다. 예를 들어 프로모션 진행할 때 협력사에 메일을 보내서 회신을 요청했을 때 내가 요구한 마감 시간에 맞춰서 회신이 오는 경우가 몇 %나 되나요? 제 경험으로는 열 군데 중 세 군데를 넘기 어려웠던 것 같습니다. 저는 스케줄링을 매우 중요하게 생각하는데, 메일 주고받는 것에서부터 이렇게 일정이 꼬이니 일할 때 불편하더라고요. 어떻게 하면 에너지를 덜 쓰고 제때 피드백을 받을 수 있을지 고민하다가 소통의 방법을 한번 바꿔봤더니 열 군데 중 일곱 군데로부터 재촉하지 않아도 마감 시간 전에 회신을 받을 수 있었습니다.

기존에는 이렇게 메일을 보냈어요. 별문제 없어 보이지만, 그렇기에 수신자에게는 동기부여가 안 되었던 것 같습니다.

'OO 프로모션을 진행합니다. 기간은 O월 OO일부터 O월 OO일까지입니다. 참여 조건은 할인율 10% 이상입니다. 세부 내용은 첨부 파일을 참고 바라며 반드시 OO일까지 회신 부탁드립니다.'

상대의 관점에서 고민해 보고 이렇게 메일 내용을 바꿔보았습니다.

'OO 프로모션을 진행합니다. 가장 효율이 높은 구좌에 노출되므로 경쟁이 치열할 것으로 예상합니다. O월 OO일 OO시까지 회신을 주셔야만, 제가 유관 부서에 노출을 요청해드릴 수 있으므로 마감 시간 엄수하셔서 좋은 구좌를 확보하시기 바랍니다. 이번 프로모션 테마가 귀사의 신상품과도 시너지를 낼 것으로 기대됩니다. 단, 할인율이 높을수록 상단 배치 우선순위에 반영될 수 있으니 할인율 선정에 참고 부탁드립니다. 세부 내용은 다음과 같습니다.'

결론은 프로모션을 하자는 같은 말인데 어떻게 말하느냐에 따라 결과가 달라지는 것을 보며 MD로서 소통하는 재미를 느끼기도 했습니다. 주도권의 관점으로 보면 좀 더 명확해지죠. 전자가 협력사에 전적으로 주도권을 내어주는 형태의 소통이라면 후자는 내가 주도권을 가져오는 형태의 소통이에요. 홈쇼핑 마감 임박의 원리라고 해야 할까요? '나는 당신이 진심으로 잘되길 바라는 마음으로 정말 좋은 기회를 주고 싶은데 한정판이라 이 기회를 선점하길 원한다. 그런데 언제까지 회신을 주지 않으면 선착순 마감이 되기 때문에 내가 도와주고 싶어도 도와줄 수가 없다'라는 메시지를 주는 거죠.

신뢰감을 더 주려면 이전에 진행했던 비슷한 프로모션의 성공 사례들을 데이터 중심으로 공유해서 가시화시켜 주는 것도 좋습니다. 절대로 움직이지 않는 협력사에는 경쟁사 데이터로 자극하는 방법도 있고요. 여기서도 핵심은 단순한 소통 스킬이 아니라 상대가 잘되게끔 하려는 진심이 얼마나 잘 전달되냐에 달려있다는 점, 잊지 말기 바랍니다.

소통의 핵심은 브랜딩

상사에게 보고할 때도 아 다르고 어 다른 소통을 하면 평가가 완전히 달라질 수 있습니다. MD 업무 외에 마케팅 취합 업무를 담당하고 있다면 성과 평가할 때 "저는 마케팅 취합 업무도 성실하게 했습니다"가 아니라 '있어빌리티'를 가미해서 "마케팅 컨트롤타워로서 테마를 기획하고 데이터 분석을 통해 적중률을 개선했습니다"라고 어필하는 거죠. 팩트에 기반하여 자신의 노력을 훨씬 가치 있게 표현할 수 있어야 합니다.

아 다르고 어 다른 소통의 핵심은 결국 브랜딩입니다. 누군가에게 선물을 줄 때 더 가치 있게 보이려고 예쁘게 포장을 하듯이 같은 말이라도 좀 더 가치 있게 전달하는 센스가 필요하기 때문입니다. 협력사와의 관계에서, 상사에게 보고할 때, 유관부서와 협의하고 동료와 소통할 때도 나의 말을 가치 있게 전달해야 하죠. 소통하기에 앞서 평정심을 유지하는 것도 중요하고요. 감정이 격해진 상태에서 소통하면 반드시 후회만 남게 되거든요. 이렇게 정리해놓고 보니 저도 아직 부족한 점이 많다는 생각이 드네요. 뭐든지 다하는 MD의 길은 끝이 없습니다.

마지막으로 한 가지 팁을 드리면 협력사가 내게 연락할 때 메일, 문자, 전화, 카톡 순으로 사용하도록 유도하는 것이 좋습니다. 바쁘디 바쁜 MD에게는 시간의 주도권을 확보하는 것이 중요하기 때문인데요. 메일은 우선 전화와 다르게 즉각 답변을 하지 않아도 되기 때문에 생각할 시간을 벌 수도 있고 내가 계획한 시간에 확인하고 답장하는 것이 가능해서 유리합니다.

문자는 단절된 대화가 가능해서 카톡에 비해 시간 확보가 수월하므로 활용하기 나쁘지 않아요. 전화가 왔을 때 급한 업무 중이라면 용건을 메일이나 문자로 남겨달라고 하는 편이 시간 확보에 유리해요. 그런데 아이러니하게도 내가 협력사에 연락할 때는 역순으로 소통하게 됩니다. 그래서 협력사의 중요도에 따라 여러 소통 채널을 유연하게 운영하는 지혜가 필요해요. 안 그러면 시간의 주도권을 뺏긴 채 끝없이 늘어나는 MD 업무에 치여 매일 야근을 반복하게 될 수도 있습니다.

제가 한때 500개 협력사를 혼자 관리했던 적이 있었습니다. 500개 협력사에서 하루에 전화 한 통씩만 해도 500통이니 감당이 안 되는 수준이었죠. 그래서 저는 단체 메일을 보내서 현재 상황을 설명하며 나도 긴밀히 소통하고 싶은데 전화를 받기 힘든 상황이 많으니 가장 빠른 소통을 원한다면 메일을 보내 달라, 하나도 놓치지 않고 최대한 빠르게 답변하겠다고 했습니다. 하루종일 전화만 받기에도 숨 막혔던 일과에서 시간의 주도권을 확보하자 우선순위 관리가 가능해졌어요. 500개 협력사를 혼자 관리하면서도 야근에서 해방되기까지 했죠. 시간 확보를 하는 동시에 협력사에는 저를 '500개 협력사를 혼자 관리하면서도 소통을 중시하는 책임감 있는 MD'로 브랜딩했던 결과였습니다.

당장 적용할 수 있는 내용도 있고 어느 정도 시간과 경험이 필요한 내용도 있을 겁니다. 내게 필요한 부분을 잘 선별해서 적용해 보면 어떨까요? 한결 여유로우면서도 더 좋은 성과를 창출할 수 있을 거예요.

유관 부서 소통 :
협업 관계자를 내 편으로 만들기

    비즈니스 커뮤니케이션의 핵심은 무엇일까요? 이 역시 '성과를 내는 것'이겠죠. 내가 원하는 것을 얻어내고 조직에도 실질적인 공헌을 하는 것 말입니다. 경영학의 아버지라 불리는 피터 드러커는 '우리가 4차 산업혁명 시대에서 살아남으려면 지식 노동자가 되는 것이 중요한데 지식 노동자는 공헌에 초점을 맞춰야 한다'고 했습니다. 내가 속한 이 조직에 무엇을 공헌할 수 있는가? 이 질문을 던지는 사람이 진정한 프로페셔널 지식 노동자라는 거예요.

    서론이 길었습니다. 길게 공헌 이야기를 한 이유가 있습니다.

성과를 위해서는 사내 소통이 중요하고 효과적인 사내 소통을 위해서는 상대, 즉 조직에 공헌하고 있다는 걸 보여주어야 하기 때문입니다. 이때 기본이 되는 태도가 '남 중심적 사고'예요. 이는 제가 일하면서 배운 가장 소중한 자산입니다. 말 그대로 상대가 원하는 것이 무엇인지 상대의 관점에서 먼저 생각하고 행동하는 것입니다.

커머스는 사람과 사람이 만나는 예술의 장이라서, 마케팅, CS, 재무, 재고관리 등 유관 부서와의 교집합이 많을 수밖에 없습니다. MD가 밀고 싶은 상품, 띄우고 싶은 브랜드를 소비자의 마음속으로 스며들게 하려면 반드시 유관 부서와의 긴밀한 협업이 필수이고요. 유관 부서를 내 편으로 만들려면 어떻게 해야 할까요?

무엇보다 상대가 원하는 것이 무엇인지 파악해야 하겠죠. 즉 부서별 KPI를 이해하는 것이 중요해요. KPI란 Key Performance Indicator의 약자로 '핵심 성과 지표'를 뜻하는데요. 부서별로 중요하게 생각하는 지표가 무엇인지 이해해야만 상대에게 실질적으로 도움이 되는 제안을 해서 상대가 움직이게 할 수 있습니다. 그래야 나도 도움을 받을 수 있고요.

기업은 기본적으로 이윤을 추구하기 때문에 큰 틀에서 부서별 KPI는 회사마다 크게 다르지는 않을 거예요. 부서별로 수많은 KPI가 존재하지만, 이해를 돕기 위해 MD와 관련이 있는 부서별 대표 KPI를 3가지씩 뽑아보았습니다.

직군	KPI
영업	매출액 달성도, 매출영업액 이익률, 제품재고 회전기간
구매	구매실적금액, 협력업체 수, 협력업체 납기준수율
마케팅	CTR(광고노출 대비 클릭율), CVR(클릭수 대비 구매전환율), ROI(투자대비 수익율)
CS	클레임 발생 건수, 클레임 처리비, 서비스 즉응률
재무	손익분기점, 재고회전율, 재고자산보유일
재고관리	목표재고 달성률, 납기준수율, 재고 보유 일수

영업과 구매 업무를 주로 담당하는 MD에게 가장 중요한 KPI는 매출과 수익을 극대화하는 것이잖아요. 그래서 MD는 최대한 많은 상품과 브랜드를 소비자에게 보여주는 양적인 목표 달성에 치중하기 쉬운데 마케팅팀과 협업할 때는 상품 단위, 브랜드 단위의 효율을 높이는 질적인 방향으로 접근해야 합니다.

마케팅팀의 경우엔 한정된 구좌에 노출할 수 있는 상품과 브랜드가 제한적이기 때문에 적중률을 극대화하는 것이 중요합니다. 따라서 MD는 마케팅팀의 관점에서 그들이 선호하는 지표를 충족하는 상품과 브랜드를 선정하고 노출을 제안하는 것이 좋습니다. 마케팅팀은 그들의 KPI를 만족시켜주는 MD에게 협조적일 수밖에 없으니까요. 질적인 성장은 양적인 성장으로 이어지기 때문에 결국 MD의 KPI인 양적 매출 목표도 달성할 수 있게 되는 겁니다.

예를 들어 브랜드에서는 같은 광고비를 집행해야 한다면 베스트 아이템보다는 신규 아이템에 투자하고 싶을 거예요. 베스트 아이템은 그동안 쌓인 별점과 리뷰로 상위 랭킹을 차지하기 때문에 굳이 프로모션을 하지 않아도 판매가 잘 되지만, 아직 검증되지 않은 신규 아이템은 자리를 잡으려면 소비자에게 적극 어필해야 하니까요. 하지만 마케팅팀에서는 하나의 아이템을 노출해야 한다면 신규 아이템보다는 베스트 아이템을 선호하죠. CTR, CVR, ROI가 당연히 높을 수밖에 없으니까요. 여기에서 브랜드와 마케팅팀 사이의 간극이 발생하는데 이때 MD는 어떤 액션을 취해야 할까요?

무엇보다 마케팅팀에서 원하는 숫자를 만들어주는 것이 첫 번째입니다. 즉 브랜드를 설득해 베스트 아이템으로 프로모션을 진행하는 거죠. 반복해서 높은 성과를 달성한 브랜드는 마케팅팀에 각인이 되기 때문에 추후에는 마케팅팀에서 먼저 해당 브랜드의 노출을 제안하기도 하거든요. 그때 이미 검증된 브랜드는 베스트 아이템뿐 아니라 신규 아이템까지 모두 노출하거나 아예 브랜드 단독 노출을 마케팅팀과 손쉽게 협의할 수 있게 됩니다. 브랜드에도 이런 생리를 이해시키고 장기적인 관점에서 투자할 수 있도록 긴밀히 소통해야 하고요.

CS팀과 MD의 KPI는 사실 연관이 없어 보일 수 있는데요. CS팀과의 협업이 중요한 이유는 바로 고객과의 접점에 CS팀이 있기 때문입니다. 빠르고 끊임없이 변하는 커머스 시장에서 득실대는 경쟁자들에게 잡아먹히지 않으려면 첫째도 고객, 둘째도 고객, 셋째도 고객이라고 강조했던 내용 기억나죠? 그래서 고객 경험 향상이 모든 기업의 최우선 KPI라고 해도 과언이 아니에요. 클레임이 발생하지 않도록 사전에 상품과 콘텐츠를 꼼꼼히 검수하는 것이 필수지만, 클레임이 발생했다면 위기를 기회로 활용하는 순간적인 기지도 필요합니다.

얼마 전 회사에 CS팀에서도 환불 처리를 해주겠다고 해도 해결이 안 되는 강성 클레임 건이 있었습니다. 고객이 주문한 청바지의 주머니에서 엄지손가락 크기의 돌멩이가 나왔기 때문인데요. 청바지를 워싱할 때 돌멩이를 넣어 함께 돌리는데 이때 주머니에 돌멩이가 들어가는 경우가 있거든요. 물론 고객 입장에서는 처음 겪는 일이라 몹시 황당했을 거예요.

노발대발하는 고객을 위해 저는 해당 브랜드 대표와 신속히 이야기를 나눴습니다. 브랜드 대표도 당황하기는 마찬가지였지만, 논의 끝에 대표가 직접 고객과 소통해서 사과하고 환불은 물론 작은 선물까지 전달하는 것으로 협의를 마쳤죠. CS팀에도 바로 처리 방안에 대해 공유하고 고객 연락처를 받아 브랜드 대표와 연결했고요. 브랜드 대표가 진심을 담아 고객에게 사과하고 환불과 함께 정성껏 준비한 과일 바구니를 보내면서 사건은 일단락되었습니다.

CS팀에서는 이렇게까지 클레임에 적극적으로 대응하는 브랜드는 처음 봤다며 브랜드 대표와 제게 감사의 인사를 하더라고요. 그리고 며칠 후 클레임을 걸었던 고객이 처음에는 너무 화가 났지만, 마음을 다해 해결하려는 노력에 감동하였다며 앞으로 해당 브랜드를 애용하겠다는 피드백을 남기기도 했어요. 위기를 기회로 바꾼 좋은 사례라고 생각해요.

마지막으로 재무팀, 재고관리팀의 KPI를 살펴보겠습니다. 두 팀 KPI의 교집합인 '재고 보유 일수'를 활용하면 MD의 KPI 달성도 수월해집니다. 재고 보유 일수란 보유한 상품의 재고가 모두 소진될 때까지 걸리는 기간을 뜻하는데요, 특히 매출 상위 상품의 재고 보유 일수 관리가 관건입니다. 탑 아이템의 결품은 매출 폭락으로 직결되든요. 예를 들어 최근 30일 동안 3,000개가 팔린 상품 A가 있다고 할게요. 일 평균 판매량이 100개인 A의 적정 재고 보유 수량은 몇 개일까요? 품목에 따라 다르겠지만, 패션의 경우는 SS와 FW 시즌, 즉 6개월 단위로 움직이기 때문에 통상 180일까지 재고 보유 일수를 허용합니다. 물론 상품 확보 시점과 상품의 시즌성, 재고 회전율과 창고 효율 등의 컨디션에 따라 재고 보유 일수는 더 줄어들 수 있어요. 유통기한이 있는 신선식품의 경우는 재고 보유 일수가 현저히 짧겠죠.

A의 적정 재고 보유 일수를 60일이라고 한다면 적정 재고 수량은 6,000개(=100개×60일)가 됩니다. 그런데 지금 보유한 A의 재고가 3,000개라면 재고 보유 일수가 30일밖에 안 되는 거예요. 재무팀, 재고관리팀 모두 보수적으로 재고 보유 일수를 관리

하지만, 명확한 데이터와 근거가 있는 상품에 대해서는 적정 재고 보유 일수를 기준으로 30일분의 추가 매입을 설득할 수 있습니다. 적정 재고 보유 일수를 유지하지 못하면 결품으로 인해 매출 하락을 피하기 어려울 테니까요.

이 외에도 수많은 유관 부서가 있는데 해당 부서의 KPI가 무엇인지 먼저 파악한다면 상대가 원하는 것을 통해 내가 원하는 것을 달성할 수 있습니다. 남 중심적 사고가 인간관계뿐 아니라 비즈니스에서도 얼마나 중요한지 알겠죠? '부서별 KPI'로 구글링을 하면 다양한 부서별 세부 KPI 정보가 공개되어 있어 쉽게 파악할 수 있어요. 유관 부서를 내 편으로 만드는 소통법, 오늘 한번 현장에 적용해보기 바랍니다.

소비자 소통 :
셀링 포인트와 스토리텔링으로
고객 유혹하기

세계적인 불황 속에서 새롭게 자리 잡은 소비 트렌드가 있습니다. '체리슈머'의 등장인데요, 체리슈머란 소비에 있어 극한의 효율성을 추구하는 합리적 알뜰 소비자를 의미하는데 케이크에 장식된 맛있는 체리만 쏙 빼가는 사람을 뜻하는 '체리피커'에서 유래된 말입니다. 체리피커는 다소 부정적인 의미가 있지만, 체리슈머는 자신에게 주어진 한정된 자원을 최대한 알뜰하게 소비해 가치를 극대화하기에 현명한 소비 트렌드라고 일컬어집니다.

유통업계에서는 체리슈머의 마음을 사로잡기 위해 다양한 방법으로 유혹합니다. 할리스 커피는 등급제에 따른 차별화된 혜택, 무료 음료 쿠폰 등 많은 멤버십 혜택을 제공하면서 소비자들 사이에서 '혜자 앱'으로 인기를 얻고 있죠. 커피빈, 교촌치킨, 트레이더스 등도 쿠폰, 포인트, 할인 등 멤버십 서비스에 힘을 쏟으며 체리슈머의 좋은 반응을 얻고 있고요.

다양하게 활용 가능한 멀티유즈 주방용품도 인기입니다. 크린랩의 '여러 번 빨아 쓰는 행주'는 행주보다 흡수와 건조 속도가 빨라서 물티슈 대용으로 쓰거나 행주 대용으로 물때와 기름때를 제거하는 데 많이 쓰이고 있다고 하죠. 조리 기기 하나로 다양한 요리를 만드는 멀티쿠커도 판매량이 늘고 있는데 전자레인지, 그릴, 에어프라이어, 토스터가 하나로 합쳐진 삼성전자의 '비스포크 큐커' 에어프라이어와 오븐, 그릴, 토스터, 찜기, 베이킹 기능을 탑재한 락앤락의 '스팀 프라이어 S2'가 체리슈머 사이에서 인기라고 합니다.

AI 기반의 4세대 개인화 쇼핑이 이뤄지는 시대입니다. 앞서 살펴본 체리슈머 마케팅의 예처럼 커머스에서 변화하는 소비 트렌드에 맞춰 발빠르게 대응하는 것도 중요하지만, 무엇보다 패러다임의 변화가 절실합니다. 계속해서 진화된 형태로 새로운 플랫폼이 등장하고 기술이 고도화되면서 더 이상 기존의 판매

방식, 전통적인 구매 채널이 소비자에게 통하지 않을 테니까요.

이런 때일수록 AI가 흉내낼 수 없는 '사람의 감성을 자극하는 인문학적 커뮤니케이션'이 핵심입니다. 온라인으로 모든 것을 구매할 수 있는 세상이지만, 여전히 사람들이 오프라인을 찾는 이유가 무엇일까요? 오프라인이 사람들과 대면하며 교감하고 상품을 직접 체험하는 공간이기 때문입니다. 상품을 구매할 때 판매사와 이런저런 대화를 나누고, 같은 시간대에 쇼핑을 나온 다른 이들의 모습을 관찰하기도 하며 다양한 상품을 만져보고 착용하면서 느끼는 감성이 사람들에게 활력을 줍니다.

이런 오프라인의 감성을 온라인에서도 느낄 수 있다면 어떨까요? 아직도 많은 온라인 쇼핑몰이 상품과 관련해 단순한 이미지와 숫자 나열식의 상품 스펙을 제공하는 데 그치고 있습니다. 오프라인에서 판매사가 상품 정보를 판매 노하우에 녹여 친절하게 이야기해주듯 온라인에서는 상세페이지에 이 감성을 담아내는 것이 관건인데요. 상품의 셀링 포인트를 감성적인 스토리텔링으로 얼마나 잘 풀어내느냐가 앞으로의 경쟁력을 좌우하게 될 것입니다.

셀링 포인트란 상품이나 서비스가 다른 경쟁 상품과 구별되는 특징이나 이점으로, 매출 전환을 높이는 역할을 합니다. 일반적으로 셀링 포인트는 7가지 정도로 정리할 수 있는데요. 경쟁력 있는 판매가, 차별화되는 품질, 특별한 기능과 성능, 매력적인 디자인, 뛰어난 편의성, 우수한 고객 서비스, 브랜드의 가치입니다. 7가지 모두가 상세페이지를 구성하는 필수 조건이지만, 소비자를 유혹하는 포인트 2~3가지에 집중하여 효율을 높이는 것이 중요하겠죠. 벤치마킹을 위해 플랫폼별로 최상위 랭킹에 있는 베스트 아이템들을 분석하면 셀링 포인트의 성공 패턴을 발견할 수 있으니 활용하기 바랍니다.

예전에는 제품의 이미지와 셀링 포인트만 잘 보여줘도 판매에 아무런 지장이 없었어요. 하지만 똑똑한 소비자가 늘면서 상품 스토리텔링의 중요성이 커지고 있어요. 상세페이지를 이야기 형식으로 풀어내면서 감성을 자극하는 것이 좋은 예인데 와디즈가 이를 잘하고 있죠. 혁신적인 제품과 회사를 소개하고 여러 아이디어 상품들 위주의 펀딩을 진행하는 크라우드펀딩 기업답게, 와디즈의 상품 상세페이지를 보면 어떻게 이 제품을 개발하게 되었는지와 관련하여 원인, 사건, 문제점을 스토리텔링하여 소비자의 공감과 관심을 끌어냅니다. 이 제품이 왜 필요하고 타제품과의 차별점이 무엇이며 왜 이 제품을 구매해야 하는지 소비자의 가슴에 스며들도록 이야기하는 거죠.

수많은 브랜드가 와디즈를 통해 대박이 났는데요. 대표적으로 한국 최초의 비건 스킨케어 브랜드 멜릭서는 와디즈를 통해 글로벌 브랜드로 거듭난 케이스에요. "먹는 것뿐만 아니라 매일 바르는 화장품까지, 더 건강할 수는 없을까?"라는 질문에서 출발한 멜릭서는 제품이 만들어지고 사용되는 과정에서 사람과 자연이 함께 건강할 수 있는 방법을 고민했고 이런 브랜드 철학을 스토리텔링으로 담아냈어요. 그 결과, ESG 소비를 추구하는 MZ세대 소비 트렌드와도 딱 맞아떨어지며 소비자의 마음을 움직이는 데 성공한 거죠. 멜릭서는 현재 싱가포르, 말레이시아, 태국, 필리핀 세포라까지 입점하면서 전 세계로 뻗어나가고 있습니다.

패션잡화 브랜드 노멀리스트 역시 와디즈 펀딩을 통해 급성장한 경우입니다. 대표적으로 '선밀크'라고 부르는 선케어 제품의 상세페이지를 보고 있으면 저도 모르게 구매 버튼을 누르게 되는 마법에 빠지게 되더라고요. 많은 사람이 선케어를 귀찮아하는 이유가 무엇이고 왜 선케어를 해야 하며 기존 제품의 어떤 문제점을 어떻게 보완했는지 흡입력 있게 스토리텔링하는 동시에 핵심 셀링 포인트까지 깔끔하게 녹여냈거든요. 상품 스토리텔링으로 고민 중이라면 한번 참고해보시면 좋을 것 같습니다.

저명한 미래학자 롤프 옌센은 정보 사회에 뒤이어 도래할 미래는 꿈과 이야기 등의 감성적 요소가 중요하게 부각되는 '드림 소사이어티'가 될 것이라고 말한 바 있습니다. 이제 소비자는 단순히 상품을 사는 것을 넘어 그 상품에 담긴 이야기를 산다는 것이죠. 이야기가 창출해내는 부가가치가 더욱 높아지는 시대에서 스토리텔링 마케팅은 아무리 강조해도 지나치지 않습니다.

스토리텔링 마케팅은 브랜드의 실제 상품 개발 과정을 보여주며 생생한 스토리를 담아낼 수도 있고 신화, 소설, 게임 등의 스토리를 패러디해 보여주기도 하죠. 스토리텔링 마케팅의 궁극적인 목표는 스토리 문화를 만드는 데 있습니다. 여기에 브랜드 스토리가 품고 있는 철학을 강조해서 소비 이상의 문화를 만들어낸다면 금상첨화겠죠.

반항적이면서도 낭만을 중시하는 고유의 이야기 문화를 가진 브랜드 할리 데이비슨 오토바이가 좋은 예에요. 할리 데이비슨 하면 무엇이 떠오르나요? 가죽 재킷과 붉은 두건으로 연상되는 마초적인 이미지, 전 세계에 회원이 130만 명이 넘는 호그^{HOG} 커뮤니티 등이 바로 이야기 문화의 산물이라 할 수 있습니다.

전쟁 중에 날아온 총알이 주머니 속 라이터에 박히면서 목숨을 구한 이야기로 유명해진 행운의 상징 지포라이터, 알프스의 작은 마을에서 마신 지하수로 신장 결석이 치료됐다는 기적 같은 이야기로 유명해진 생수 에비앙, 테디라는 애칭으로 불린 루스벨트 대통령이 사냥터에서 어린 곰을 살려준 이야기로 유명해진 테디베어 등도 스토리텔링 마케팅의 대표적인 성공 사례입니다.

최근 국내에도 많은 기업이 스토리텔링 마케팅을 도입하고 있지만, 소비자의 마음을 움직이는 이야기를 담은 상품은 생각보다 눈에 띄지 않는 것 같습니다. 브랜드 역사를 지루하게 나열한다거나 셀링 포인트가 느껴지지 않는 이미지 광고는 전체적으로 이야기의 호소력이 부족해 보입니다. 스토리는 사건과 인물, 구성의 3요소가 잘 배합되어 시너지를 내야 합니다. 성공하는 상품과 브랜드에는 매력적인 이야기가 담겨있다는 사실을 잊지 말기 바랍니다. MD는 단순한 상품 판매자가 아닌 훌륭한 이야기꾼도 될 수 있어야 하니까요.

우리는 모두 MD다

스타트업 대표부터 임원과 팀장, MZ 막내 실무자에 이르기까지 그들을 만나면 공통으로 하는 말이 있어요. "업무 롤이 없어 이것저것 다 해야만 해요." 과연 스타트업에만 해당하는 말일까요? 대기업에서도 매출에 직접 관여하는 부서일수록 업무의 경계는 모호하고 퇴근 시간은 시냇물에 표류하는 종이배처럼 저 멀리 떠내려갑니다. 커머스가 과학인 동시에 종합예술이라는 증거가 아닐까 합니다.

어디 직장인뿐이겠어요? 우리는 모두 내 인생에 나를 고용한 1인 기업입니다. 나의 존재 가치를 올리기 위해 갓난아이 때는 가진 게 목청뿐이라 빽빽 울어서 원하는 것을 얻어냈고, 조금 자라서는 신발 정리도 하고 심부름도 하면서 용돈이라는 수익도 창출했잖아요. 더 자라면서는 입시 경쟁을 시작으로 스펙 경쟁과 취업 경쟁 등 오늘도 수많은 1인 기업들과 부대끼며 살아가고 있습니다. 이 모든 과정이 퍼스널 브랜딩과 다르지 않습니다.

시간 관리와 자기 계발, 인맥 관리와 재테크, 연애와 결혼 등 우리는 다양한 관계와 상호 작용하며 나라는 1인 기업을 더욱 매력적으로 가꾸려고 노력합니다. 일어나서 잠들기까지, 심지어 잘 때조차도 1인 기업은 쉼 없이 돌아갑니다. 다이어트가 필요할 땐 채소, 지식이 필요할 땐 책, 도움이 필요할 땐 인맥, 숙면이 필요할 땐 침구 등을 서칭하고 분석하여 내 입맛에 맞게 소싱하고 활용하니까요. 모두M 다D 하고 뭐든지M 다D 하는 MD의 삶이 곧 우리의 삶이 아닌가 싶습니다.

지금까지 이 책으로 진행한 레벨업 스터디가 여러분이 성장하는 데 도움이 되었는지 모르겠네요. 모두 다 하며 일해온 15년 차 MD로서 하고 싶은 말은 끝도 없지만, 최대한 심플하고 쉽게, 꼭 필요한 내용 위주로 현장감을 살려 담아내고자 했습니다. 인생에도 정답이 없듯 MD의 세계에도 정답은 없기에 제가 공유해드린 내용을 각자의 상황과 강점에 맞게 변주하고 '성과'라는 측정 가능한 지표를 등대 삼아 각자의 길로 노를 저어보면 좋겠어요.

이 책이 혹시라도 버겁거나 어렵게 느껴진다면 이것 하나만 기억해주세요. '열심히 하는 것보다 잘하는 것이 중요하고 잘해주는 것보다 잘되게 해주는 것이 중요하다. 이를 가능하게 해주는 것은 스킬이 아니라 진심이다. 커머스는 사람과 사람이 만나는 곳이기 때문이다.' 이렇게 상품을 팔다 보니 저는 어느 날 매출 1등 MD가 되어 있었어요. 경주마들은 정해진 트랙을 따라 한 방향으로 달리기에 모두 1등을 할 수 없지만, 야생마들은 자기만의 길로 제각각 달리기에 모두 1등이 될 수 있습니다. 지극히 평범한 저는 유일하게 할 수 있는 저만의 길을 찾아 한 걸음씩 전진해왔습니다. 여러분도 자기만의 길을 발견하고 모두가 1등이 되는 길로 나아가길 진심으로 응원합니다.

그동안 직장인이자 MD로서 만난 수많은 사람이 있습니다. 코홀리개 시절부터 이 책을 쓰기까지 제게 선한 영향력을 끼친 멘토와 멘티, 동료들 또한 셀 수 없지요. 일일이 감사의 인사를 하지 못해 송구스럽고 너른 마음으로 양해해주길 바랄 뿐입니다.

올해에는 여러 가지 일로 힘든 시간을 보냈는데 아내와 아이들이 있어 흔들리지 않고 버틸 수 있었어요. 남편이자 아빠로서 저는 '행복 부자'가 아닐까 싶습니다. 날마다 더해가는 사랑의 가정을 선물해준 사랑하는 아내와 아이들에게 이 책을 바칩니다.

얼마 전에 만난 지인이 첫 책을 냈는데 편집 과정에서 본인의 원고에 빨간 줄이 쫙쫙 그어진 것에 내상을 입었다고 했어요. 그러나 저는 제 원고에 빨간 줄이 있어 좋았습니다. 보석을 연마하는 빨간 레이저처럼 이 책을 빛나게 만들어준 빨간펜 선생님 허윤정 편집자와 함께 애써준 더퀘스트 식구들에게 고마움을 전하고 싶습니다. 끝으로 수많은 책 가운데 이 책을 선택하고 바쁜 가운데 귀한 시간을 투자해 읽어준 독자분들께 더없는 감사함을 느낍니다. 앞으로 더 좋은 콘텐츠로 보답할 수 있도록 걸음을 멈추지 않겠습니다. 고맙습니다.

매출 1등 MD는 이렇게 팝니다

초판 1쇄 인쇄 · 2023년 11월 28일
초판 1쇄 발행 · 2023년 12월 20일

지은이 · 이학기 반장
발행인 · 이종원
발행처 · (주)도서출판 길벗
브랜드 · 더퀘스트
주소 · 서울시 마포구 월드컵로 10길 56(서교동)
대표전화 · 02)332-0931 | **팩스** · 02)322-0586
출판사 등록일 · 1990년 12월 24일
홈페이지 · www.gilbut.co.kr | **이메일** · gilbut@gilbut.co.kr

기획 및 책임편집 · 허윤정(rosebud@gilbut.co.kr) | **제작** · 이준호, 손일순, 이진혁
마케팅 · 한준희, 김선영, 이지현 | **영업관리** · 김명자 | **독자지원** · 윤정아

디자인 · *studio weme* | **CTP 출력 및 인쇄** · 예림인쇄 | **제본** · 경민제책

© 이학기 반장, 2023

ISBN 979-11-407-0750-8 (03190)
(길벗 도서번호 040233)

정가 17,000원

독자의 1초까지 아껴주는 길벗출판사

(주)도서출판 길벗 | IT교육서, IT단행본, 경제경영서, 어학&실용서, 인문교양서, 자녀교육서 www.gilbut.co.kr
길벗스쿨 | 국어학습, 수학학습, 어린이교양, 주니어 어학학습, 학습단행본 www.gilbutschool.co.kr